André Habisch

Erfolgsmodell Ehe

Die Magie des Trauscheins – und die Fakten

OLZOG

Bibliografische Information Der Deutschen Bibliothek

Die Deutsche Bibliothek verzeichnet diese Publikation
in der Deutschen Nationalbibliografie;
detaillierte bibliografische Daten sind im Internet
über http://dnb.ddb.de abrufbar.

ISBN 3-7892-8114-X

Internet: http://www.olzog.de

Umschlagentwurf: Gruber & König, Augsburg
Satz: EDV-Fotosatz Huber / Verlagsservice G. Pfeifer, Germering
Druck- und Bindearbeiten: Ebner & Spiegel, Ulm
Printed in Germany

Inhalt

Vorwort 7

Einleitung: Schutz der Ehe als bedrohter Verfassungsartikel 8

Schutz der Ehe als Aufgabe des Staates? Zur aktuellen Diskussion . 13

Ehe als gesellschaftliche Institution: Ein Blick in die Geschichte . . . 19

Christliche Ehe und Familie? 28

Zur methodischen Herangehensweise 40

Erfolgsmodell Ehe – als Kern der Familie 44

Erfolgsmodell kinderlose Ehe – Chancen für die Partner 62

Die Logik der Ehe als kollektive Selbstbindung: Beziehungsspezifische Investitionen 93

Funktionsfähige Ehen als Ressource der Gesellschaft 100

Noch einmal: Schutz der Ehe als Aufgabe des Staates? 110

Schluss: Zukunftsfähige Gesellschaftspolitik als Herausforderung des 21. Jahrhunderts 122

Verwendete und weiterführende Literatur 128

Vorwort

Wer sich für den Erhalt einer rechtlich profilierten Verfassungsinstitution Ehe ausspricht, der gilt als hoffnungslos unzeitgemäß. Den einen ist sie ein Hort der Diskriminierung, den anderen ein Hindernis auf dem Weg zu sozialpolitischen Reformen, die unter den gegebenen Bedingungen nur einen weiteren Individualisierungsschub in die Gesellschaftspolitik hineintragen können.

Empirische Ergebnisse spechen hier eine andere Sprache. Die Ehe ist auch am Beginn des 21. Jahrhunderts für viele Männer und Frauen eine wichtige – vielleicht die wichtigste – Institution, die ihnen das Gemeinwesen zur Verwirklichung ihrer Lebenspläne anbietet. Das ‚Erfolgsmodell Ehe' trägt ganz handfest und millionenfach zum Lebensglück bei. Doch es tut dies – wie viele gut funktionierende Institutionen – lautlos und unsichtbar. Leise Wirkendes fällt nicht weiter auf. Der grundrechtliche Schutz der Ehe droht deshalb in seiner Bedeutung immer weniger verstanden zu werden und unter die Räder eines kurzatmigen Pragmatismus zu geraten. Dem entgegenzuwirken ist das eigentliche Ziel dieses Buches.

Ich bedanke mich bei meiner Frau Dr. Barbara Habisch. Sie hat nicht nur den Entstehensprozess dieses Buchs in der ihr eigenen Weise konstruktiv-kritisch begleitet. Dem nun bald 15-jährigen gemeinsamen Leben mit ihr verdanke ich jene Erfahrungen mit dem Gegenstand des Buches, die es davor bewahrt haben, zu einer theoretischen Abhandlung zu degenerieren. Ihr sei es – in Liebe – gewidmet.

Eichstätt, im Herbst 2004 André Habisch

Einleitung: Schutz der Ehe als bedrohter Verfassungsartikel

Gesellschaftliche Individualisierungstendenzen

Es steht nicht gut um die gesellschaftliche Institution Ehe. Während die Familie unter dem wachsenden demografischen Druck gegenwärtig eine geradezu erstaunliche Renaissance erfährt, geht es mit dem Ansehen der Ehe langsam aber kontinuierlich bergab. Bis weit in bürgerliche Kreise hinein empfinden immer weniger Zeitgenossen den Gang zum Traualtar oder zum Standesbeamten als notwendige oder auch nur als hilfreiche Vorbedingung einer Familiengründung. „Familie ist da, wo Kinder sind“: Diese gängige Feststellung lässt keinen Raum, um auch die Bindungsqualität der Erwachsenen in die Definition familiären Zusammenlebens mit aufzunehmen. Verändern sich Werte und Plausibilitäten in der Bevölkerung derartig, dann können sie auch durch geschriebenes Recht und selbst durch Verfassungsrecht nicht aufgehalten werden. Und so ist es aus heutiger Sicht mehr als wahrscheinlich, dass eine mögliche Neufassung des Artikels 6 Grundgesetz zwar noch von Familie, aber nicht mehr von der Ehe sprechen wird.

Welche Ursachen liegen dieser Entwicklung zu Grunde? Hier lassen sich verschiedene Faktoren benennen.

Die Ablehnung eines überkommenen Konservativismus: Die traditionelle Sexual- und Ehemoral hatte bisweilen einen stark schematischen Charakter, der nicht selten in Bevormundung und Gängelei junger Menschen mündete. Wo etwa die Vergabe eines Doppelzimmers in Hotel oder Pension an die Vorlage eines Trauscheins geknüpft wurde, da wurden Standards einer liberalen und auf der Mündigkeit der Menschen beruhenden Gesellschaft unterboten. Die Bevormundung volljähriger Bürgerinnen und Bürger hat dem Ansehen der Ehe als gesellschaftlicher Institution langfristig eher geschadet.

Feministische Ehekritik: Die Liberalisierung des Scheidungsrechts und die Trennung von Ehe und Familie werden oft gefordert, um die Gleichberechtigung der Geschlechter in Wirtschaft und Recht zu fördern. Die

Ehe erscheint geradezu als Symbol einer geschlechterspezifischen Arbeitsteilung, die für die Frau die drei Ks: ‚Kirche-Küche-Kinder' vorsieht. Wirtschaftliche Abhängigkeit der Ehefrau von ihrem Mann und ihre eingeschränkte Mündigkeit sind die Folge. Wem aber die gesellschaftliche Institution Ehe als ein Bollwerk der Unterdrückung von Frauen erscheint, für den kann Emanzipation der Geschlechter nur bedeuten, diese Institution zu schwächen oder ihr in ihrer kulturprägenden Kraft zumindest ebenbürtige Alternativen an die Seite zu stellen.

Liberaler Individualismus: Die kulturelle Entwicklung in einer arbeitsteiligen Gesellschaft läuft auf eine fortschreitende Individualisierung hinaus. Nicht die Gruppe, Familie oder das Paar sind hier Träger von Rechten und Pflichten, sondern stets das Individuum. Arbeits- und Ausbildungsverträge, Rechtsansprüche, Anrechte auf soziale Unterstützung: Alles dies ist an Einzelpersonen geknüpft und zwar auch dann, wenn diese in enger Wechselbeziehung zu anderen Einzelpersonen stehen. Die Verrechtlichung sozialer Beziehungen im modernen Gemeinwesen führt dann zum Zurücktreten von Solidarverpflichtungen innerhalb von Ehe und Familie. Indizien für diese Entwicklung sind viele Bestimmungen des Sozialrechts.

Arbeitsbedingungen in einer hochentwickelten Volkswirtschaft: Jenseits bestimmter kultureller Strömungen erschweren auch die Arbeitsbedingungen in einer entwickelten Industrie- und Dienstleistungsgesellschaft die eheliche Partnerschaft. Vor allem wenn beide Partner gut ausgebildet und berufstätig sind, wird das Miteinanderleben zu einer Herausforderung an Kommunikation und Managementqualitäten. Diese sind aber keineswegs überall ausreichend vorhanden. Sind die Partner so mit sich und ihren persönlichen Verpflichtungen beschäftigt, dass sie nicht zusammenwachsen können, dann haben sie Krisen in ihrer Beziehung kaum etwas entgegenzusetzen. Angesichts des immer häufigeren Scheiterns scheint dann aber die Ehe nicht mehr in die moderne Zeit zu passen. Es ist oft schon die Angst vor dem Scheitern, die die Paare von einer Eheschließung abhält. Dies aber verstärkt noch die Wahrscheinlichkeit einer tatsächlichen Trennung.

Zunehmende Kinderlosigkeit: Auch ehe-kritische Zeitgenossen treten häufig den Gang zum Standesamt an, wenn sich ein Kind ankündigt. Dies hat, wie wir sehen werden, gute Gründe, weil eine eheliche Verbindung zwischen den Eltern für die persönliche, gesundheitliche und berufliche Entwicklung des Kindes Vorteile hat. So kann die ständig steigende Kinderlosigkeit dann aber umgekehrt zu einer sinkenden Zahl von Ehe-Schließungen führen.

Abschmelzen religiöser und wertkonservativer Milieus: Schließlich ist die abnehmende kulturelle Prägekraft kirchlicher Verkündigung in vielen europäischen Gesellschaften zu nennen. Doch auch ein Wertkonservativismus, wie er in großen Teilen der Arbeiterbewegung und der Sozialdemokratie festzustellen war, befindet sich auf dem Rückzug.

Ehe als gesellschaftliche Institution

Angesichts dieser Entwicklungen versteht das vorliegende Buch Ehe nicht (nur) als ‚private' Lebensentscheidung Verheirateter oder Heiratswilliger. *Ehe ist vielmehr zu Recht eine gesellschaftliche Institution.* Als solche stellt sie eine Rahmenbedingung für die Wahlentscheidungen der einzelnen Bürgerin und des einzelnen Bürgers dar und beeinflusst nachweislich deren Handeln.

Diese Zusammenhänge sind in Folge der eherechtlichen Entwicklungen der vergangenen Jahre jedem unmittelbar erfahrbar geworden. So hat etwa die Änderung des ehelichen Namensrechts etc. die Institution Ehe wesentlich modifiziert und damit die Wahlmöglichkeiten der Ehepartner erweitert bzw. eingeschränkt.

Ob überhaupt geheiratet und wie die Ehe durch private Zusatzvereinbarungen (z.B. einen Ehe-Vertrag) ausgestaltet wird, das hängt ganz wesentlich von den Vorgaben des gesetzlichen Rahmens ab. International vergleichende Studien zeigen dies im Zeitverlauf ganz deutlich. So ging etwa die weitgehende rechtliche Gleichstellung von Ehepaaren und unverheirateten Paaren in Schweden damit einher, dass die Zahl der Ehen und auch der ehelich geborenen Kinder stark gesunken ist. Ob dies zugleich mit einer Angleichung der Lebenschancen von ehelich und unehelich geborenen Kindern verbunden ist oder ob die vielfach belegten Risikofaktoren für unehelich geborene Kinder auch unter solchen Bedingungen fortbestehen, bleibt abzuwarten. Nehmen die Verhaltensunterschiede zwischen verheirateten und unverheirateten Paaren ab, weil Paare trotz fester Verbindung mit hoher wechselseitiger Verbindlichkeit nicht mehr heiraten, dann ist erstere Alternative wahrscheinlich; bleibt dagegen die verhaltensändernde Kraft der Institution Ehe konstant und sinkt einfach nur ihre Verbreitung, dann wäre mit spürbaren negativen Konsequenzen für die Betroffenen wie auch für die schwedische Gesellschaft insgesamt zu rechnen.

Vorbemerkungen zu diesem Buch

Einem naheliegenden Missverständnis gilt es gleich am Anfang des Buches deutlich zu widersprechen. Generalisierende Aussagen über Ehe und Familie begegnen oft dem Problem, dass sie von den meisten Leserinnen und Lesern nicht unvoreingenommen aufgenommen, sondern immer schon vor dem Hintergrund persönlicher Betroffenheit eingeordnet und bewertet werden. In dieser Hinsicht verfügt die Leserschaft über eigene Erfahrungen aus der Herkunftsfamilie, weil selbst eine Entscheidung für oder gegen eine Ehe getroffen worden ist oder weil die eigene Ehe zerbrochen ist.

Die im Folgenden entwickelten Überlegungen wollen solche Lebensentscheidungen nicht kommentieren oder gar bewerten. Sie wenden sich an die Leserinnen und Leser nicht in ihrer Eigenschaft als verheiratete oder unverheiratete Frauen und Männer, sondern als Bürgerinnen und Bürger eines politischen Gemeinwesens, das sich in der einen oder anderen Richtung verbindliche Regeln gibt. Gemäß der Profession des Autors als Sozialethiker zielt dieses Buch auf die Gestaltung gesellschaftlicher Institutionen im politischen Raum und die sie begleitende öffentliche Diskussion ab. Auch derjenige, der für sich selbst die Lebensform der Ehe (aus welchen Gründen auch immer) ablehnt, sollte – so ist es der Anspruch dieses Buches – den vorgetragenen Argumenten für die Beibehaltung der Ehe als tragende Institution der Gesellschaft folgen und die abgeleiteten Schlussfolgerungen mittragen können.

Eine weitere Abgrenzung erscheint notwendig. Obwohl es vielfach auf wissenschaftlichen Forschungsergebnissen beruht, ist das vorliegende Buch kein wissenschaftliches Werk im engeren Sinne. Das gilt sowohl für die Sprache und Form als auch für den Umgang mit Quellen. Die vorliegenden Überlegungen wollen vielmehr eine Vermittlung von wissenschaftlichen Forschungsergebnissen in Politik und Gesellschaft hinein leisten. Dazu werden diese zusammenfassend dargestellt und nicht im Einzelnen näher ausgeführt oder durchgängig mit Quellen belegt. Dies geschieht nicht zuletzt im Interesse einer besseren Lesbarkeit.

Wer so schreibt, der macht sich angreifbar. Hier zu Lande hat es die Wissenschaft oft Journalisten überlassen, relevante human- und sozialwissenschaftliche Forschungsergebnisse in einer allgemeinverständlichen Weise aufzubereiten und daraus praxisrelevante Folgerungen zu ziehen oder politische Empfehlungen zu geben. Eine solche Selbstbeschränkung (in deutlichem Gegensatz zur Praxis etwa im angelsächsischen Hochschulbetrieb) nützt aber weder der Wissenschaft noch der Öffentlichkeit. Umgekehrt darf ‚Praxisorientierung' natürlich auch nicht zur Generalabsolution für eine undisziplinierte Denk- und Redeweise führen. Der vorgelegte Band versucht hier eine Gratwanderung.

Ergebnisse empirischer Forschung werden dazu im Folgenden ganz überwiegend unter Rückgriff auf Publikationen referiert, wie sie in dem breit angelegten Überblick von Linda Waite und Maggie Gallagher, The Case for Marriage, New York et al. 2000 zusammengetragen wurden. Linda Waite arbeitet als Professorin für Soziologie an der Universität von Chicago und leitet zugleich als Kodirektorin das dortige ‚Family and Work'-Programm der renommierten Sloan-Foundation. Die weit über den amerikanischen Raum hinaus tätigen Forscherinnen beziehen aber auch die internationale Forschungsliteratur zur Thematik mit ein. Ihre Ergebnisse werden nach Aussagen deutscher Bevölkerungswissenschaftler durch nationale Studien auf vielfältige Weise bestätigt. Sehr prägnant haben die genannten Autorinnen die Befunde zusammengefasst und auch auf die aktuelle gesellschaftspolitische Debatte übertragen. Da eine Übersetzung der Publikation von Waite/Gallagher bis heute nicht vorliegt, gibt das hier vorliegende Buch die wesentlichen Befunde wieder und ordnet sie in den Kontext der deutschen Diskussion ein.

Dabei tragen nicht einzelne Untersuchungsergebnisse die entscheidende Beweislast. Die Logik der Ehe als soziale Institution ergibt sich vielmehr aus der Zusammenschau der vielfältigen, einander stabilisierenden Befunde, durch die sich durchaus ein ‚roter Faden' zieht. Diesen zu rekonstruieren und auf seine gesellschaftspolitischen Konsequenzen hin zu befragen, ist das eigentliche Anliegen des Buches.

Schutz der Ehe als Aufgabe des Staates? Zur aktuellen Diskussion

Ehe-Schutz im Grundgesetz: Kein Rettungsanker für stürmische Zeiten

Der Schutz der Ehe ist in der deutschen Rechtsordnung gemäß Art. 6 Abs. 1 Grundgesetz ein Verfassungsgebot. Er lautet:

„**Artikel 6 [Ehe und Familie, uneheliche Kinder]** (1) Ehe und Familie stehen unter dem besonderen Schutz der staatlichen Ordnung.
(2) Pflege und Erziehung der Kinder sind das natürliche Recht der Eltern und die zuvörderst ihnen obliegende Pflicht. Über ihre Betätigung wacht die staatliche Gemeinschaft.
(3) Gegen den Willen der Erziehungsberechtigten dürfen Kinder nur auf Grund eines Gesetzes von der Familie getrennt werden, wenn die Erziehungsberechtigten versagen oder wenn die Kinder aus anderen Gründen zu verwahrlosen drohen.
(4) Jede Mutter hat Anspruch auf den Schutz und die Fürsorge der Gemeinschaft.
(5) Den unehelichen Kindern sind durch die Gesetzgebung die gleichen Bedingungen für ihre leibliche und seelische Entwicklung und ihre Stellung in der Gesellschaft zu schaffen wie den ehelichen Kindern.“

Der bloße Hinweis auf den Verfassungsartikel eignet sich jedoch nicht zum Bollwerk gegen einen tiefgreifenden Wertewandel. Dieser entfaltet auch keine eigene Kraft, die gegenläufigen Entwicklungen in Politik und Öffentlichkeit im Zaum zu halten. Die Tatsache, dass etwas in der Verfassung steht, enthebt seine Verteidiger nicht der Notwendigkeit, den Sinn der dort gefundenen Formulierungen immer wieder plausibel zu machen. Dies soll in diesem Buch für den Ehe-Bezug des Artikels 6 Absatz 2 GG geleistet werden.

Verfassungsartikel unterliegen einem Wandel, wenn ihre Änderung deutlich mehr Anhänger in Parlament und Öffentlichkeit findet als die Verteidigung des Status quo. Sie sind damit ‚Wasserstandsanzeiger‘ gesellschaftspolitischer Überzeugungen. Manches deutet darauf hin, dass der Pegel des Ehe-Schutzes sinkt. Bleibt es bei der eingangs umrissenen ‚großen Koalition' der Kritiker, dann steht in nicht allzu ferner Zukunft zu erwarten, dass er bei einer Neufassung des Artikels 6 Grundgesetz ganz aus dem Text herausgestrichen wird.

Eine Schwächung erfuhr der ehe-bezogene Teil von Artikel 6 GG in den letzten Jahren zunächst durch traditionell ehe-kritische Parteien und Organisationen. So wurde bei der Einführung der eingetragenen Lebenspartnerschaft für gleichgeschlechtliche Paare in der vergangenen Legislaturperiode zwar mit der solidaritätsstiftenden Kraft der neuen Einrichtung geworben. Mit keinem Wort ging diese Diskussion aber darauf ein, dass vor allem die Ehe als ‚Vorbild' dieser neuen Rechtsform eine solche Funktion erfüllt. Die ins Werk gesetzte ‚Erweiterung' der Partnerschaftsformen geht dementsprechend keineswegs mit einer Stärkung des grundrechtlichen Ehe-Schutzes einher. Zwar sollte eine Schwächung der Verfassungsinstitution Ehe durch die neue ‚eingetragene Lebenspartnerschaft' zunächst dadurch vermieden werden, dass es sich gerade nicht um eine ‚Ehe', sondern eben um ein neues Rechtsinstitut handelte. Dies war insbesondere von Bedeutung, um nicht schon bei der Einführung mit Art. 6 Grundgesetz in Kollision zu kommen. Doch solcherlei Differenzierungen wurden dann in der öffentlichen Diskussion schnell vergessen. Hier war vielmehr durchgängig von der ‚Homo-Ehe' oder der ‚Ehe light' die Rede. Eine Gleichsetzung beider Lebensformen liegt auch dem Widerstand gegen die bayrische Rechtspraxis zu Grunde, die Lebenspartnerschaft nicht von einem Standesbeamten, sondern von einem Notar eintragen zu lassen. Bei vielen Protagonisten entspringt dies wohl der Überzeugung, mit dem Ehe-Schutz sei in der Nachkriegszeit etwas in die Verfassung geraten, das herauszustreichen lediglich an der (noch?) fehlenden Mehrheit im Parlament scheitert.

Förderung der Ehe auf Kosten der Familie?

Doch auch von anderer Seite wird der besondere Schutz der Ehe in letzter Zeit zunehmend konkurrierenden Politikzielen untergeordnet. Altpräsident Roman Herzog ist sicherlich einer Relativierung von Art. 6 GG unverdächtig, hat er doch in seiner Zeit als Präsident des Bundesverfassungsgerichtes wichtige familienpolitische Entscheidungen mit auf den Weg gebracht.

Doch angesichts der Sparzwänge im Gesundheitssystem hat auch die von Herzog geleitete Kommission die ersatzlose Streichung der beitragsfreien Mitversicherung des nicht berufstätigen Ehepartners in der Gesetzlichen Krankenversicherung gefordert. Um hier den Einstieg in einen neuen Typ der Krankenversicherung zu schaffen, sollte notfalls sogar das Grundgesetz entsprechend geändert werden. Bloße Kollateralschäden?

Aus solchen Vorschlägen spricht eine mittlerweile dominante Wahrnehmung, die die Rechtslage in Deutschland – mit den Worten der Familienrechtlerin Eva-Maria von Münch – als ‚Förderung der Ehe auf Kosten der Familie' geißelt. Die vermeintlich einseitige Förderung der Ehe zeige sich etwa im Ehegattensplitting und in der beitragsfreien Mitversicherung. Beide erscheinen hier als Relikt einer strukturkonservativen Identifizierung von Ehe und Familie, wie sie der Pluralität heutiger Lebensbedingungen nicht mehr zu entsprechen scheint. Um dies zu belegen, wird häufig der verheiratete Großverdiener in klassischer ‚Versorger-Ehe' der alleinerziehenden Mutter mehrerer Kinder gegenübergestellt. Während Ersterer von Splittingvorteil und Mitversicherung maximal profitiere, könne die prekäre Finanzlage Letzterer angesichts knapper Sozialkassen nicht wirklich verbessert werden. Da liegt es nahe, das gegeneinander auszuspielen, was im Grundgesetz in enger Verbindung zueinander steht: Ehe und Familie als schutzwürdige Institutionen.

Es sind derartige geradezu scholastische Spitzfindigkeiten, die – völlig unabhängig davon, inwiefern sie der sozialen Wirklichkeit in unserem Land entsprechen – die deutsche Regulierungswut zu immer neuen Höchstleistungen anstacheln. Die Tendenz zu einer zwar logisch präzisen aber wirklichkeitsfernen Analyse, die auch noch den letzten Sonderfall regelt, ist kennzeichnend für das deutsche Steuer- und Sozialsystem. Sie ist mit dafür verantwortlich, dass 80 Prozent der weltweiten Steuerliteratur in Deutsch erscheint. Und selbst Fachleute wie der Heidelberger Steuerexperte Kirchhoff bekennen, dass sie das deutsche Steuersystem in wichtigen Detailfragen mittlerweile nicht mehr verstehen.

Tatsache ist, dass die genannten Maßnahmen in der sozialen Realität in ganz überwiegendem Maße jene fördern, die auch wirklich gefördert werden sollen: nämlich Familien mit kleinen oder in der Ausbildungsphase befindlichen Kindern. Nur wenn Kinder im Haushalt leben, verzichten Ehepartner – zumeist noch immer überwiegend die Frauen – heute auf eine eigene Berufstätigkeit. Sie profitieren dadurch auch von den Vergünstigungen. Die reitende und ihren teuren Hobbys nachgehende Vorstandsgattin existiert dagegen nur mehr in so seltenen Exemplaren, dass es kaum gerechtfertigt erscheint, auf diese Gruppe hin das ganze System neu auszurichten. Und warum sollte eine effektive Familienförderung gerade mit Einsparungen im Ehegattensplitting bezahlt werden? Hier erscheint eine sehr viel grundsätzlichere Diskussion notwendig.

Denn die Wahrnehmung, eigentlich gehe es bei Artikel 6 um Familienförderung im Sinne von Leistungen für sozial schwache Kinder und ihre Betreuungspersonen, ist bei Sozialpolitikern aller Parteien dominant. Sie lässt die Ehe-Förderung als ein teures und der Sache nicht mehr dienliches Relikt erscheinen. Der Trend zur Individualisierung des Sozialrechts sowie des Personenstandsrechts führt dann unterschwellig dazu, die Rechtsfolgen einer Heirat zu minimieren. Gleiches würde faktisch gelten, wenn der Zugang zu diesen Rechtsfolgen auch für neue Lebensformen derselben Gruppen geöffnet würde (‚Ehe light‘).

Verändertes Heiratsverhalten der Bevölkerung

Diese Entwicklung wird unterstützt durch die Trends des Heiratsverhaltens in Deutschland. Zwar ist noch immer die ganz große Mehrzahl der Deutschen mindestens einmal im Leben verheiratet. So bleiben bis zum 50. Lebensjahr lediglich 12,6 Prozent der Männer (Ostdeutschland 9,6/ Westdeutschland 13,3) und 7,5 Prozent der Frauen (Ostdeutschland 5,3/ Westdeutschland 8,0) ledig. Doch auch dieser Anteil der vollständig eheabstinenten Personen steigt kontinuierlich an. Für die 1960 geborenen deutschen Männer geht man heute von 30 Prozent, für die Frauen von 20 Prozent lebenslang Ledigen aus. In Ostdeutschland liegen diese Zahlen zwar etwas niedriger, steigen aber stark an, so dass man für die jüngeren Jahrgänge dort noch von einer höheren Ehelosigkeit als im Westen ausgehen muss. So sind in Ostdeutschland heute sogar knapp 80 Prozent der Männer und gut 56 Prozent der Frauen unter 30 Jahren ledig – das sind die höchsten Werte, die in dieser Altergruppe in Deutschland gemessen wurden.

Die stärkste Veränderung liegt aber in einem starken Anstieg des Heiratsalters – ein Trend, der in Westdeutschland seit Mitte der 70er-Jahre festzustellen ist, nachdem in dem Vierteljahrhundert vorher das Heiratsalter kontinuierlich gesunken war. Diese Entwicklung zeigt deutlich den Wandel des Stellenwertes der Ehe. Im Nachkriegsdeutschland wollte man heiraten, konnte es aber (meist aus finanziellen Gründen) noch nicht. Mit dem wachsenden Wohlstand werden dann Ehen immer früher möglich. Mitte der 70er-Jahre erreicht das Heiratsalter Lediger in Deutschland einen Tiefstand – mit 25,3 Jahren für Männer und 22,7 Jahren für Frauen. In Ostdeutschland liegt diese Altergrenze für beide Geschlechter niedriger, folgt aber derselben Tendenz. Ab Mitte der 70er-Jahre kehrt sich dann diese Entwicklung um: Das Heiratsalter steigt stark an – und zwar in Westdeutschland auf 31,3 Jahre für ledige Männer und 28,5 Jahre für ledige Frauen, in Ostdeutschland sind die entsprechenden Zahlen 30,7 (für Männer) bzw. 28,0 (für Frauen). Vor dem 30. Lebensjahr sind heute gut drei Viertel, vor dem 35. Lebensjahr knapp die Hälfte der deutschen Männer unverheiratet, für Frauen liegen diese Werte bei 56,9 und 31,5 Prozent. Zumindest in Westdeutschland gibt es einen deutlichen positiven Zusammenhang zwischen dem Ausbildungsniveau und dem längeren Ledigbleiben, der bei Frauen stärker ausgeprägt ist als bei Männern. Doch auch hoch qualifizierte Männer bis zum 45. Lebensjahr sind heute in Westdeutschland mit 29 Prozent viel häufiger ehelos als Mitte der 70er-Jahre mit lediglich 9 Prozent. Die Zahl der unverheiratet zusammenlebenden Paare hat allerdings nicht in gleichem Umfang zugenommen, so dass damit zu rechnen ist, dass die meisten Ledigen Singles bleiben.

Hinsichtlich der Ehescheidungsziffern liegt Deutschland im europäischen Mittelfeld. Die zusammengefasste Scheidungsziffer – also die Zahl der Ehen, die nach 30 Jahren geschieden worden sind – liegt bei 39 Prozent, die durchschnittliche Ehedauer bei der Scheidung beträgt 12 Jahre. Bei knapp der Hälfte der im Jahr 2000 geschiedenen Ehen lebten minderjährige Kinder im Haushalt. Auch bezüglich der Scheidungen zeigt ein Vergleich der Alterskohorten eine deutliche Zunahme im Generationenwechsel. So kam es bei den 1950 geschlossenen Ehen nur für gut 10 Prozent zu einer Scheidung, bei den 1970 geschlossenen Ehen zu 25 Prozent (in den ersten 25 Ehejahren). Bei den 1980 geschlossenen Ehen ist diese Marke schon nach 15 Jahren erreicht und die 1990 (in Westdeutschland) geschlossenen Ehen sind schon nach 9 Jahren zu knapp 20 Prozent wieder geschieden. Dabei waren bei den 1980 geschlossenen Ehen gut 16 Prozent der bis dahin geborenen Kinder von der Scheidung der Eltern betroffen.

Immer häufiger sind Eheschließungen Folgeehen von bereits einmal oder mehrmals Geschiedenen. Dieser Anteil ist von 1960 bis 2000 in Westdeutschland von 17 auf 36 Prozent und in Ostdeutschland von 22 auf 41 Prozent der Ehen angestiegen. Über 90 Prozent der 1999 geschlossenen Folgeehen geht eine Scheidung und nicht etwa der Tod eines Partners voraus. Doch auch die Wiederheiratshäufigkeit nach einer Scheidung ist leicht gesunken – nach Schätzungen des Bundesinstituts für Bevölkerungsforschung auf 55 Prozent für Männer und 61 Prozent für Frauen.

Wesentlich höher ist allerdings die Zahl der nichtehelich geborenen Kinder. Insbesondere in Ostdeutschland ist deren Anteil – ausgehend von relativ hohen Zahlen bereits während der DDR-Zeiten heute auf über 50 Prozent gestiegen, während im Westen nur 18,6 Prozent der Neugeborenen ohne eheliche Bindung ihrer Eltern zur Welt kommen. Allerdings schätzt man aufgrund bisheriger Zahlen, dass auch in Ostdeutschland die unehelichen Eltern in den ersten 3 Lebensjahren des Kindes zu ungefähr 40 Prozent dann doch eine Ehe eingehen. Mithin sinkt der Anteil der Kinder, die bei ihren ledigen Müttern leben, von 9,9 Prozent bei den unter 3-Jährigen auf 2,3 Prozent bei den 15-17-jährigen Jugendlichen. Dagegen verdreifacht sich der Anteil der Kinder, der bei ihren geschieden oder getrennt lebenden Müttern lebt, von 4,1 Prozent bei den unter 3-Jährigen auf 12,1 Prozent der 15-17-Jährigen. Die Zahl der Kinder bei einer verwitweten Mutter oder einem allein lebenden Vater ist demgegenüber quer durch alle Altersgruppen des Kindes sehr gering.

Eine Spitzenposition in Europa nimmt Deutschland bei zwei charakteristischen Werten ein: Mit 35,2 Prozent ist der Anteil der Einpersonenhaushalte an allen Haushalten der höchste in der EU und das Ausmaß dauerhafter Kinderlosigkeit ist im ehemaligen Bundesgebiet höher als in allen anderen Ländern der Europäischen Union. Deutschland ist eines der am meisten individualistischen und kinderärmsten Länder Europas.

Die Ehe ist zwar auch weiterhin die Lebensform, die von einer Mehrheit der Männer und Frauen angestrebt und gewählt wird. Doch Ehe und Familie sind heute weniger selbstverständlich miteinander verbunden. Ist es angesichts solcher Befunde nicht wirklich an der Zeit, vom ‚alten Hut' Ehe-Förderung Abstand zu nehmen? Ist sie nicht als gesellschaftspolitisches Leitbild obsolet geworden? Wir wollen zunächst einen Blick in die Entwicklungsgeschichte der Ehe als gesellschaftliche Institution werfen.

Ehe als gesellschaftliche Institution: Ein Blick in die Geschichte

Die vormoderne Gesellschaft: Eine Familie von Familien

Die Ehe im Sinne einer rechtlich institutionalisierten Verbindung zwischen den Geschlechtspartnern ist zu allen Zeiten und in nahezu allen Kulturen eine zentrale Institution des Gemeinwesens als Ganzem gewesen. Allerdings unterlag sie dabei durchaus erheblichen Veränderungen. Es ist also falsch zu meinen, mit der Christianisierung des Römischen Reiches in der Spätantike habe sich das heutige christliche Ehe-Verständnis in ganz Europa durchgesetzt. Tatsache ist vielmehr, dass das abendländisch-christliche Konzept der Ein-Ehe, das auf der Personwürde der Partner sowie ihrer Verantwortung füreinander und für die Kinder basiert, erst in einem jahrhundertelangen Prozess zum dominanten Orientierungsmuster geworden ist.

In der vormodernen Gesellschaft ist die Familie der bestimmende Lebenszusammenhang für die Mehrheit der Männer und Frauen. In dieser Welt einer sehr losen ‚Staatlichkeit' und schwacher sippenübergreifender Institutionen ist die Familie zugleich Wirtschaftsraum und Ort der Rechtsprechung, Medium der Kultur und Bildung, der wechselseitigen Versicherung etc. Die vormoderne Gesellschaft stellt sich in diesem Sinne als ‚Familie von Familien' dar. Außerhalb dieser Familiengruppen war eine eigenständige wirtschaftliche und soziale Existenz kaum möglich.

In der Antike war etwa die Witwe, die nicht von ihren Söhnen oder Angehörigen unterstützt wurde, zu Bettelei oder Prostitution verurteilt. Sie hatte keine Möglichkeit, ihren Lebensunterhalt unabhängig von einem familiären Personenverband zu bestreiten. Das änderte sich im Verlauf der abendländischen Geschichte insbesondere mit der Konstitution von Klöstern als eigenständigem Personenverband außerhalb von Ehe und Familie. Letztere aber blieben für die ganz überwiegende Mehrheit Lebensziel und Halt.

Die Ehe als Wirtschaftsfaktor im Mittelalter

Die Hochform der Ehe war in einer solchen Welt, wie sie auch Mittelalter und frühe Neuzeit noch bestimmte, als ‚Dotalehe' ausgestaltet: Sie umfasste den Ehevertrag, der zwischen den (männlichen) Führern der beiden Familiengruppen ausgehandelt wurde und vor allem die Frage der Dos (Mitgift) regelte. Ehe und Familie wurden in der vormodernen Ordnung (in vielen ländlichen Regionen bis ins 20. Jahrhundert hinein) durch wirtschaftliches Kalkül dominiert. Noch im ersten Drittel des vergangenen Jahrhunderts galt es in diesem Sinne als gewichtige Heiratsempfehlung, wenn die Äcker der Herkunftsfamilien aneinander grenzten. Liebe und persönliche Zuneigung blieben hier nebensächlich, Paare und Familien waren eher Schicksalsgemeinschaften, die sich gemeinsam durch die widrigen Lebensverhältnisse der Agrargesellschaft schlugen. Die Anforderungen an partnerschaftliche Kommunikation und eine Kultur des personalen Miteinanders waren in einer solchen Welt vergleichsweise niedrig. Die Beziehungen in Ehe und Familie wurden vielmehr – wie die Gesellschaft insgesamt – durch feste Rollen und Traditionen geregelt, die letztlich auf die Stabilisierung des Status quo abzielten.

Die Dominanz wirtschaftlicher Überlegungen bestimmte auch die Partnerwahl. Das Aschenputtel, das durch wundersame Fügung zur Prinzessin avancierte, gab es bezeichnenderweise nur im Märchen. In der Realität hätte eine solche, auf groteske Weise nicht standesgemäße Hochzeit eine gigantische Fehlinvestition für die Familie des Prinzen bedeutet. Der vormoderne Hörer wusste genau, dass es sich hier um eine wirklichkeitsferne Utopie handelte, gegen die sich der amerikanische Traum der Karriere ‚vom Tellerwäscher zum Millionär' geradezu als realistische Entwicklungsperspektive darstellt. Der Unterschied lag in der sozialen Struktur des gesellschaftlichen Umfelds: Während die moderne Marktwirtschaft – in Amerika stärker als in Europa – auf die soziale Mobilität und den Aufstieg des Erfolgreichen hin angelegt ist, war das vormoderne Feudalsystem eben auf die Weitergabe bestehender Standesunterschiede hin programmiert. Dies zeigte sich nirgendwo deutlicher als in der Ehepraxis: Geheiratet wurde ausschließlich ‚standesgemäß' innerhalb der eigenen sozialen Schicht.

Die enorme wirtschaftliche Bedeutung eines Ehe-Schlusses führte dazu, dass er stark ritualisiert und durch zahlreiche Verhaltensvorschriften reglementiert war. Die Ehe markierte den vollständigen Übertritt der Braut aus ihrer Herkunftsfamilie in die Familie des Ehemannes. Wie in einer Art ‚sozialer Operation‘ wurde die Frau aus der Rechtshoheit (‚Munt‘) ihres eigenen Sippenoberhaupts entlassen und in den Verband des Mannes eingegliedert. Diese dominante Rechtsfolge bestimmte auch die inhaltliche Ausgestaltung der Ehe als Institution. Umfangreiche Regularien wurden nicht nur von den Familien selbst, sondern auch von der Verwandtschaft peinlich genau beachtet. Schritte auf diesem Weg waren: Auswahl der Partner, Werbung um die Braut, Sippenvertrag, Verlöbnis, die Überführung der Braut, Brautgabe (Dos), Brautlauf, Hochzeitsgelage, Ehebett vor Zeugen, Morgengabe für evtl. Witwenstand. Insbesondere das Ehebett vor Zeugen, das in der einen oder anderen Form bis in die frühe Neuzeit hinein praktiziert wurde (auch Luther hat mit seiner Ehefrau Katharina von Bora die Ehe in dieser Weise vor Zeugen vollzogen), wirkt für unsere ‚nach-romantische‘ Denkweise befremdlich. Doch seine Funktion war, die Legitimität des Ehe-Schlusses zu gewährleisten. Dies lag insbesondere im Interesse der Braut und ihrer Familie, für die die Hochzeit mit großen Risiken verbunden war. Nur hier, innerhalb der Voll-Ehe, konnten legitime Kinder geboren werden.

Die Strenge dieses Reglements nahm übrigens mit sinkender sozialer Schicht ab. Auch dies hatte letztlich wirtschaftliche Gründe. In den höheren sozialen Schichten bestand eine starke wechselseitige Abhängigkeit der Verwandtschaft voneinander. Im Falle einer Verarmung mussten die Familienmitglieder einander Solidarität leisten und einen standesgemäßen Unterhalt garantieren – je nach Position innerhalb der Standeshierarchie konnte dies eine teure Angelegenheit werden. Auch hier hatte der ‚erweiterte‘ Familienverband also eine Art Versicherungsfunktion. Wo aber wechselseitige Solidarpflichten bestehen, da ist sozusagen als Kehrseite auch wechselseitige Kontrolle anzutreffen. Diese soll sicherstellen, dass der ‚Schadensfall‘ erst gar nicht eintritt. Sie ist eine wichtige Motivation hinter der ‚Etikette‘ und dem Druck der Verwandtschaft auf ihre Einhaltung. Unter den Tagelöhnern und Gelegenheitsarbeitern, aber auch unter den Pächtern und kleinen Bauern an der Basis der sozialen Pyramide gab es solche Verpflichtungen nicht. Sofern sie rechtlich überhaupt heiraten durften – die Ehegesetze, die eine Hochzeit an das Vorhandensein entsprechender Vermögensbestände banden, hatten bis zu den liberalen Reformen des frühen 19. Jahrhunderts Bestand – waren sie sehr viel weniger informellen Standespflichten ausgesetzt als ihre besser gestellten Zeitgenossen. Der Grund dafür liegt auf der Hand: Sie waren vogelfrei, weil sie letztlich von niemandem etwas zu erwarten hatten. Ihnen gegenüber bestand keinerlei Verpflichtung seitens einer Verwandtschaft, die ihrerseits kaum etwas zu erübrigen hatte.

Zur rechtsstiftenden Funktion von Ehe und Familie

Autonomie im weitgehend ‚staatsfreien Raum' der vormodernen Agrargesellschaft kennzeichnete auch die rechtliche Situation von Ehe und Familie. Eheliche und familiäre Lebensgemeinschaften waren über Jahrhunderte hinweg rechtlich kaum reguliert. Die liberale Gesetzgebung des 19. Jahrhunderts – wie sie etwa im Eherecht des Bürgerlichen Gesetzbuches (1900) ihren Niederschlag gefunden hat – verstärkte noch diese Tendenz. Die Souveränität des Monarchen und seiner Verwaltung endete nicht erst – wie für Bismarck – am ehelichen Schlafzimmer, sondern bereits am Hoftor. Dort war der Gutsherr, Großbauer oder Handwerksmeister als Oberhaupt der häuslichen Gemeinschaft zugleich auch letzte Referenz für Streitigkeiten und Ansprüche. Die einfachen Leute bekamen es dagegen kaum einmal mit dem staatlich organisierten Rechtssystem zu tun, wenn sie nicht als Diebe, Mörder oder in anderer Form die öffentliche Ordnung außerhalb des familiären Produktionszusammenhanges störten. Das Prinzip ‚subsidiärer' Streitschlichtung innerhalb von Familie und Sippe ergab sich also schon von selbst aus der dünnen Ausstattung des Gemeinwesens mit rechtsförmigen Streitschlichtungsinstitutionen und dem niedrigen Bildungsstand breiter Bevölkerungsteile – einschließlich der Richter (man denke an die unvergessliche Figur des Richter Adam in Kleists ‚Zerbrochenem Krug').

Die Autonomie der Familie hatte insbesondere Vorrang vor dem individuellen Selbstbestimmungsrecht von Frauen und Kindern innerhalb des Familienverbandes. So hielt sich bis weit ins vergangene Jahrhundert hinein die Bestimmung im Bürgerlichen Gesetzbuch, dass die schriftliche Erlaubnis des Ehemannes einzuholen wäre, wenn die Ehefrau einer regelmäßigen Erwerbstätigkeit nachgehen wollte. Im übrigen durfte diese außerhäusliche Verpflichtung die Ehepflichten nicht beeinträchtigen.

Ehe und Familie als Versicherungsinstitution

Vielleicht der häufigste Grund für die Einbeziehung außerfamiliärer Rechtsinstanzen zur Regelung familiärer Angelegenheiten waren Streitigkeiten bezüglich des Altenteils. Dies verweist auf eine andere wichtige Funktion von Ehe und Familie im Kontext der vormodernen Agrargesellschaft: Sie ist nämlich zugleich auch wichtigste Versicherungsinstitution. Der Generationenvertrag, wie er jahrtausendelang das Verhältnis der Generationen zueinander geprägt hat, findet sich bereits im 4. Gebot des Dekalogs: ‚Du sollst Vater und Mutter ehren, *auf dass Du lange lebest in dem Land, das Gott der Herr Dir geben wird.*‘ In dieser Formulierung wird bereits das ‚Versicherungsverhältnis auf Gegenseitigkeit‘ deutlich, das hier bestimmend war. Indem eine erwachsene Generation für ihre alten Eltern sorgte, lebte sie zugleich ihren eigenen Kindern jene Verhaltensweisen vor, von denen sie selbst im Alter ihr Überleben erhoffte. Im Dienst an der älteren Generation stabilisierte sie eine gesellschaftliche Institution, von deren Stabilität sie selbst später abhängen würde.

Soweit das Prinzip: Die ‚Einzelheiten‘ und ‚Ausführungsbestimmungen‘ dieses Vertrages blieben allerdings auch innerhalb des Familienverbandes umstritten. Dies galt insbesondere für die Frage, in welchem Lebensalter der Hof oder handwerkliche Betrieb zu übergeben sei und welche monetären und nichtmonetären Leistungen das im Gegenzug gewährte Altenteil zu umfassen hatte. Hier gab es zu allen Zeiten ‚Sollbruchstellen‘ im Verhältnis der Generationen zueinander, die sich durchaus auch in Rechtsstreitigkeiten niederschlagen konnten. Das änderte freilich nichts an der prinzipiellen Funktion von Ehe und Familie als wichtigster Institution der Alterssicherung. Kinderlosigkeit und auch Ehelosigkeit wurden – schon seit biblischen Zeiten – im Alter zum lebensbedrohlichen Schicksal, weil sie das Erschlaffen der körperlichen Kräfte mit dem Hungertod gleichsetzten.

Die Familie war auch die dominante Bildungsinstitution. Die Durchsetzung einer allgemeinen Schulpflicht blieb in einer landwirtschaftlichen Kultur immer prekär. Denn der familiäre Produktionsbetrieb musste während der Schulzeit auf die größeren Kinder und Jugendlichen als Arbeitskräfte verzichten. Die niedrige Qualität der Schulen, in der sich erbärmlich schlecht bezahlte Lehrkräfte oft nur durch drakonische Prügelstrafen Respekt verschaffen konnten, tat ein Übriges. Sie sorgte dafür, dass sich die allgemeine Schulpflicht erst spät durchsetzen ließ. Wichtiges Produktionswissen erwarb man vielmehr durch ‚learning by doing' in der familiären Produktion. Die soziale Mobilität war in einer solchen Gesellschaft naturgemäß beschränkt, der Aufstieg in höhere Bildungsschichten blieb jahrhundertelang an den Kleriker- oder Ordensstand geknüpft. Denn dieser berechtigte zum kostenlosen Besuch weiterführender Bildungsanstalten.

Auch die medizinische Professionalität blieb in einer solchen Welt niedrig, so dass selbst kleinere Krankheiten und Infektionen regelmäßig tödlich endeten. Die z.T. magischen und pseudomedizinischen Therapien, die im Familienkreis für den Fall von Verletzung oder Erkrankung bereit gehalten wurden, stellten für die Patienten eher noch eine zusätzliche Gesundheitsgefahr dar.

Die Armut des autonomen Familienbetriebs

Die ehe-basierten Familien waren also als Wirtschaftsbetriebe und Rechtsprechungsinstanzen, als Kultur- und Bildungsträger die wichtigsten Funktionsgrößen der vormodernen Agrargesellschaft. Doch eine solche Gesellschaft als ‚Familie von Familien' konnte nur geringe Vorteile der Arbeitsteilung und Spezialisierung nutzen. Da es immer nur kleine Produktionsgruppen waren, die hier in der Familie bzw. Sippe zusammenarbeiteten, blieb die Professionalität der Tätigkeiten niedrig: Landwirtschaft und Handwerk blieben jahrhundertelang ineffizient, die väterliche ‚Rechtsprechung' krude, die Bildung gering, die Kultur oberflächlich, die medizinische Versorgung bedenklich.

Entsprechend beschränkt blieben die Lebens- und Überlebensmöglichkeiten der Familienmitglieder in einer solchen vormodernen Agrargesellschaft. Die Lebenserwartung betrug noch Anfang des 19. Jahrhunderts 40-45 Jahre. Die Spielräume für familiäres Leben blieben eng. Die Kindersterblichkeit lag um die 50 Prozent (bis zum 14. Lebensjahr), d.h. jedes zweite Kind starb entweder bereits im Zusammenhang mit der Geburt oder während der Kindheit. Schlechte Betreuungsbedingungen konnten es nicht verhindern, dass Kinder oft von Pferden zertrampelt wurden, in Brunnen fielen, sich an offenen Feuerstellen tödlich verletzten, etc.

Die Struktur des Aufwachsens war entsprechend geprägt. Die Kindheit (pueritia) endete mit sieben Jahren: Hier begann bereits die Phase der Mitarbeit in der Landwirtschaft oder im Handwerksbetrieb sowie bei einfachen knechtischen Arbeiten. Die Trennung von der Familie erfolgte dann mit 12-14 Lebensjahren. Nicht wenige sahen ihre Eltern und Geschwister später niemals wieder, etwa wenn sie als Knappen für den Kriegsdienst vorgesehen waren.

Die moderne Industriegesellschaft: Arbeitsteilung und Spezialisierung

Dies änderte sich mit der Industrialisierung grundlegend. Sie lässt sich im Wesentlichen als ‚Zusammenwachsen der Wirtschaftsräume' verstehen. Familie bzw. Sippe als Raum der gemeinsamen Produktion bzw. des Tausches ‚geht auf' in einer umfassenderen Produktionsgemeinschaft der Region, dann der Nation, später der Weltwirtschaft. Die Dynamik dieses Prozesses ist prinzipiell in den vergangenen 200 Jahren immer dieselbe gewesen.

Durch den größeren ‚Binnenmarkt' wird nun eine tiefere Arbeitsteilung und Spezialisierung lohnend. Funktionen werden nicht mehr innerhalb

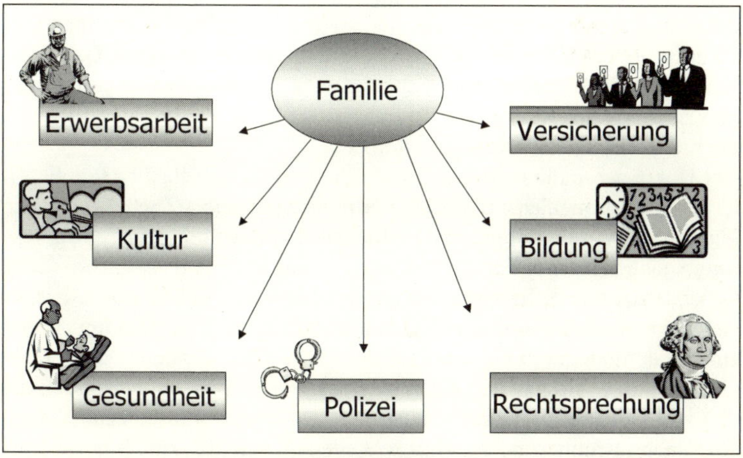

Abbildung 1: Entfunktionalisierung der Familie

der Familie ausgeübt, sondern an Institutionen ausgelagert. Diese sind jeweils auf einen ‚Beruf' spezialisiert und haben eine entsprechende Professionalität entwickelt. Erziehung und Bildung wird jetzt auch in Schulen und Bildungseinrichtungen durch entsprechend pädagogisch geschultes Personal betrieben. Medizinische Versorgung erfolgt in Praxen und Krankenhäusern durch Schwestern und Ärzte. Produktion von Gütern und Dienstleistungen wird in Betrieben und Unternehmen zentralisiert und von professionellen Managern bzw. Ingenieuren organisiert. Die Rechtsprechung erfolgt an Gerichten durch entsprechend geschulte Juristen etc. Erfindungen und technische Entwicklungen in den jeweiligen Teilbereichen (man denke nur an die Entwicklung der modernen Medizin oder die Automatisierung der Produktion durch Maschinen) sind nicht zufällig mit dieser Entwicklung verbunden: Sie sind ihrerseits Ausdruck und Konsequenz, nicht aber Voraussetzung weiterer gesellschaftlicher Spezialisierungen.

Dieser Prozess der Modernisierung sollte nicht – wie häufig in der sozialromantischen Zeitkritik dieser Jahre geschehen – als ein kultureller Niedergang der Familie verstanden werden. Die Wohlstandssteigerung, die mit diesen Entwicklungen verbunden war, hat vielmehr ihrerseits ganz erheblich zur Intensivierung des Familienlebens beigetragen. Die Lebenszeit, die die Ehepartner und Familienmitglieder – trotz der im Lebensablauf späteren Geburten – gemeinsam zu erwarten haben, hat sich durch die höhere Lebenserwartung mehr als verdoppelt. Es führt, wie wir noch sehen werden, zu einer Qualitätssteigerung des Familienlebens, aber auch zu gesteigerten Ansprüchen an dieses.

Der Übergang in die moderne Gesellschaft bringt also für Ehe und Familie als Institutionen eine doppelte Konsequenz mit sich. Zunächst gibt die Familie im Prozess der gesellschaftlichen Arbeitsteilung und Spezialisierung wichtige soziale Funktionen an ihr soziales Umfeld ab. Die moderne Gesellschaft mit ihren Institutionen bildet sich aus. Dabei spezialisieren sich aber Ehe und Familie zugleich auch selbst auf jene Funktionen, die auch in der modernen Gesellschaft *nur sie* ausüben können. Dazu gehört die Erziehung von Kindern im Sinne der Heranbildung einer grundlegenden Kompetenz zur Lebensbewältigung, die Vermittlung von Werten, aber auch Intimität und psychische Unterstützung, die die Familienmitglieder einander geben. In Bezug auf diese Kernfunktionen von Ehe und

Familie wachsen die Ansprüche der Partner aneinander und an die gemeinsame Lebenskultur ganz erheblich.

Komplementär gilt auch: Die gestiegene Lebensqualität eröffnet den wirtschaftlichen Freiraum für diese Qualitätssteigerung. Denn mit der gesellschaftlichen Entwicklung wächst auch der Wohlstand für Männer und Frauen. Die Partner haben in doppeltem Sinne mehr Zeit füreinander – an jedem Tag und im ganzen Leben. Sie verfügen über finanzielle Mittel zur Ausgestaltung ihrer Familienkultur. Entlastet von anderen Funktionen können Ehe und Familie aufgrund dieser Spezialisierung das sein, was *nur sie* sein können: Raum der personalen Nähe und Begegnung, losgelöst von wirtschaftlichen und anderen Instrumentalisierungen.

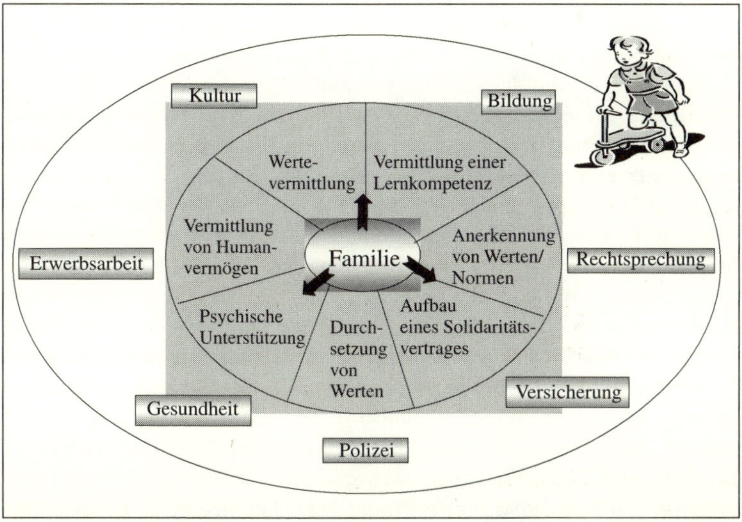

Abbildung 2: Freisetzung des Systems Familie in der modernen Gesellschaft

Christliche Ehe und Familie?

Familienkritische Impulse der frühchristlichen Praxis

Wie sah es mit dem religiösen Stellenwert der Familie aus? Aus heutiger Sicht erscheinen Ehe und Familie geradezu als Bollwerk der kirchlichen Sittenlehre und als Inbegriff der gesellschaftspolitischen Wertvorstellungen konservativer Kirchenmitglieder.

Tatsache ist aber, dass Ehe und Familie in der Geschichte der christlichen Religiosität und Sittlichkeit keineswegs immer diese überragende Rolle spielten. So hat die Botschaft Jesu und die Praxis der ersten Gemeinden auf den Hintergrund der familiaristischen Kultur der Antike eher familienkritische Impulse eingetragen. Viele in den Evangelien überlieferte Jesusworte ordnen den absoluten Anspruch der traditionellen Herkunftsfamilie der neuen Realität der Gemeinschaft der Jünger Jesu unter. So heißt es etwa im Matthäusevangelium (Mt 10,37): *„Wer Vater oder Mutter mehr liebt als mich, ist meiner nicht würdig; und wer Sohn oder Tochter mehr liebt als mich, ist meiner nicht würdig."* Nach Mt 8,21 muss der Jünger seine Familienpflichten (den toten Vater begraben) dem Ruf zur Nachfolge unterordnen. Aus Mt 12,46ff. kann man sogar ein eher distanziertes Verhältnis Jesu zu seiner Herkunftsfamilie herauslesen: *„Als Jesus noch mit den Leuten redete, standen seine Mutter und seine Brüder vor dem Haus und wollten mit ihm sprechen. Da sagte jemand zu ihm: ‚Deine Mutter und Deine Brüder stehen vor dem Haus und wollen mit Dir sprechen'. Dem, der ihm das gesagt hatte, erwiderte er: ‚Wer ist meine Mutter und wer sind meine Brüder?' Und er streckte die Hand über seine Jünger aus und sagte: ‚Diese hier sind meine Mutter und meine Brüder. Denn wer den Willen meines Himmlischen Vaters erfüllt, der ist für mich Bruder und Schwester und Mutter'."*

Dieses Jesuswort ist angesichts des Absolutheitsanspruchs der Familie in der antiken Kultur schon in der Urkirche als radikal empfunden worden. So galt es den christlichen Sekten der Gnostiker und Manichäer als Beweis dafür, dass Jesus eben nicht leiblich geboren worden und mithin nicht ‚ganz Mensch' geworden sei. Die Pointe von Mt 12,46 liegt aber nach Meinung der Exegeten eher in der Aufwertung der Jünger als in der Abwertung der Familie Jesu.

In Bezug auf die Ehe bringt das Christentum vor allem die Bestätigung des Scheidungsverbots, weil Mann und Frau (als prinzipiell gleichberechtigte Partner) die Ehe als personalen Bund eingegangen sind. Hier ist insbesondere der im Epheserbrief vorgenommene Vergleich des Liebesverhältnisses in der Ehe mit dem Verhältnis Christi zu seiner Kirche traditionsbildend geworden. Zugleich aber wird aus Gründen der Naherwartung die Ehelosigkeit geschätzt. Als Teil der Welt und ihrer Ordnung wird die Ehe gegen das Leben bei Gott abgegrenzt.

Die urchristlichen Gemeinden setzen die Tradition der Infragestellung des absoluten Anspruchs von Ehe und Familie fort. Ihre Praxis ist in der Antike von der absoluten Rechtsposition des antiken Hausvaters her als familienkritisch und individualistisch empfunden und kritisiert worden. So wird es etwa in den christlichen Gemeinden der einzelnen Frau erlaubt, ohne Erlaubnis ihres Hausvaters als Rechtsvormund der christlichen Gemeinde beizutreten. Auch die heilsentscheidende Taufe als Aufnahmesakrament wird nicht familienbezogen, sondern prinzipiell individuell gespendet – auch wenn es in der Realität vielfältige Ausnahmen von dieser Praxis im Sinne von Familientaufen gegeben hat.

Das antike Umfeld des Christentums hat diese Eigenarten der christlichen Glaubenspraxis sehr wohl wahrgenommen und kritisiert. Aufgrund der zentralen Bedeutung der Familie für die soziale Ordnung der antiken Gesellschaft musste ihre Relativierung und Unterordnung unter den Anspruch der christlichen Gemeinde (vgl. auch Apg 4,23) als geradezu ‚terroristisch' erscheinen. Sie war ein wichtiger Grund für die Christenverfolgungen der ersten Jahrhunderte.

Die Individualisierungstendenz setzt sich auch in die christliche Philosophie hinein fort. So bestimmt etwa der spätantike Philosoph Boethius die menschliche Person als ‚naturae rationalis individua substantia' und hebt so die Eigenständigkeit der vernunftbegabten individuellen Substanz hervor. Im Kultus brachte das Christentum eine Akzentverschiebung von der Familie hin zur Gemeinde. So wanderte der Totenkult aus der Familie, wo die Römer ihre Ahnengötter (Penaten) verehrt hatten, in die Kirchengemeinde, wo die Gräber der Toten um die Pfarrkirche herum angesiedelt waren. Das christliche Mittelalter schätzte die Ehelosigkeit und den Zölibat als Lebensform der Kleriker. Dies fand in der mittelalterlichen Heilslehre Niederschlag: So brachten Glaubenshelden und Märtyrer 100fache, Zölibatäre 60fache, Verheiratete immerhin noch 30fache Frucht.

Die eheliche Sexualität galt als befleckend: Nach dem Geschlechtsakt musste erst gebeichtet und ausgesegnet werden, bevor die Eheleute wieder zur Mundkommunion zugelassen waren. Auch das 4. Gebot wurde in mittelalterlichen Beichtspiegeln nicht im Sinne von Ehe und Familie, sondern im Sinne des Gehorsams gegenüber dem geistlichen Vater und der kirchlichen Obrigkeit ausgelegt. Der Religionssoziologe H. Tyrell spricht deshalb von der ‚religiösen Unterdeterminiertheit' familiärer Lebensformen im katholischen Mittelalter. Der Grund dafür wird auch gewesen sein, dass sich im familiären Raum vielerlei heidnisch-magische Formen der Volksfrömmigkeit erhalten haben, die über Jahrhunderte hinweg im Verborgenen und in Konkurrenz zum Hochkult der Pfarrgemeinde ihren Einfluss auf das Leben der Menschen geltend machten.

Impulse des Christentums: Anerkennung eigenständiger Personwürde

Das bisher gesagte bedeutet freilich nicht, dass das Christentum nicht in Hinblick auf Ehe und Familie auch wichtige Neuerungen durchgesetzt hätte. Eines der wichtigsten Elemente war wohl das Verbot der Kindstötung. Dieses begründet sich letztlich aus der vorgängigen Würde des Menschen und nicht aus seiner Zugehörigkeit zu einem bestimmten Personenverband. Auch hier haben wir es also kulturgeschichtlich mit einer Individualisierungstendenz im Christentum zu tun, wie sie später auch in der Lehre der naturrechtlichen Menschen- und Freiheitsrechte Ausdruck fand. War etwa in der germanischen Kultur die (physische) Aufnahme des Säuglings durch den Vater konstitutiv für sein Überlebensrecht (im Sinne der Integration in den Familienverband), so war im Christentum die Kindstötung oder -aussetzung eine Sünde. Jeder Säugling musste als Ebenbild Gottes aufgezogen werden. Dazu bildeten sich in den Städten Findelhäuser, die meist von Ordensgemeinschaften getragen wurden oder von Stiftungen reicher Bürger lebten. An dem Beispiel wird deutlich: Der Personenverband der Ordensgemeinschaft bildete eine erste Alternative zum familiären Sippenverband in dem Sinne, dass hier Menschen mit eigenen Regeln zusammenlebten und arbeiteten, ohne miteinander verwandt zu sein.

Die Anerkennung der Personwürde von Kindern zeigt sich auch darin, dass illegitime – also nichteheliche – Nachkommen innerhalb der Kirche prinzipiell die gleichen Rechte besaßen; als Restbestand war ihnen auferlegt, eine eigene Erlaubnis (Dispens) für kirchliche Weihen zu beantragen, die allerdings regelmäßig erteilt wurde.

Entgegen landläufigen Vorstellungen war es auch die christliche Kirche, die über das römische und germanische Recht hinaus wichtige Schritte zur rechtlichen Emanzipation von Frauen geleistet hat. So galt innerhalb des kirchlichen Eherechts prinzipiell: ‚una lex de viris et de feminis': Gleiches Recht für Männer und Frauen. Das war angesichts der vielfältigen Diskriminierung von Frauen in der römischen wie auch der germanischen Kultur alles andere als selbstverständlich. Die Verpflichtung zur ehelichen Treue und zur Einehe wurde Männern ebenso wie Frauen auferlegt. Auch dies weicht von der Praxis in Antike und im frühen Mittelalter deutlich ab. Neben der Vollehe war dort vielmehr die Friedel-Ehe (frilla = Geliebte) für die Oberschicht als anerkannte Institution an der Tagesordnung. Auch die Friedel-Ehe wurde durch gegenseitigen Konsens konstituiert. Die Frau (meist ihrerseits eine gebildete Frau aus der Oberschicht) blieb aber hier im Gegensatz zur Dotal-Ehe im eigenen Sippenverband, entsprechend war die Friedel-Ehe wesentlich leichter auflösbar. Und auch unterhalb dieser gesellschaftlich legitimierten Ehe-Form waren noch weitere Geschlechtsbeziehungen mit einer Geliebten (Kebse) an der Tagesordnung.

Vom fränkischen Herrscher Karl dem Großen, der 800 nach Christus vom Papst in Rom erneut zum Kaiser gekrönt wurde, sind nicht weniger als 4 Frauen und 4 Konkubinen überliefert. Die ‚Voll-Ehefrau' musste derartige rechtlich abgestufte Formen von Rivalinnen klaglos dulden, was nicht bedeutet, dass alle Ehemänner solche Beziehungen unterhalten haben. Weiblicher Ehebruch dagegen wurde streng bestraft. Haarschur oder sogar Tötung durch ihren Ehemann drohte der auf frischer Tat ertappten Ehebrecherin als festgesetzte oder zumindest geduldete Strafe. Letztere wurde allerdings vom kanonischen Kirchenrecht immer abgelehnt. Bedrohte Frauen konnten sich über Jahrhunderte hinweg zum Bischof flüchten, der ihnen – ähnlich wie Jesus der Ehebrecherin – Asyl gewährte und so ihr Leben rettete.

Die Predigt und moralische Ermahnung der Kirche drängte gegenüber solchen Praktiken kontinuierlich auf die Einehe im Sinne personaler Lebensgemeinschaft. Diese konnte sich dennoch erst im Verlauf der Jahrhunderte des Mittelalters als anerkanntes Ideal durchsetzen (ebenso wie der Zölibat der Priester). Allerdings blieben mehr oder weniger kontinuierliche Verhältnisse der Ehemänner in der Oberschicht noch bis ins 19. Jahrhundert hinein breit akzeptierte Praxis. In der Unter- und Mittelschicht wird man von entsprechenden Formen der Prostitution und Gelegenheitssexualität auszugehen haben.

Neubetonung von Ehe und Familie in Reformation und Neuzeit

Die religiös-kultische Unterbewertung der Familie wurde nachhaltig erst durch die Reformation beendet. Zwar hat Luther die in der katholischen Tradition behauptete Sakramentalität der Ehe abgelehnt und diese als „weltlich Ding“ bezeichnet. Doch die religiöse Praxis des Protestantismus führte gegenüber dem Mittelalter zu einer Neubetonung der Familie als Ort gelebter Religiosität. Der protestantische ‚Hausvater‘ ersetzt nun den Pfarrer in vielen Funktionen der religiösen Erziehung und des geistlichen Lebens der Familie. Im Pietismus war Christus als ‚Seelenbräutigam‘ sogar im ehelichen Schafzimmer präsent (H. Tyrell). Die Ehe erfuhr jetzt eine religiös-spirituelle Aufladung, wie sie im katholischen Mittelalter kaum denkbar gewesen wäre. Die Profilierung der Familienkultur hat insofern auch gesamtgesellschaftliche Konsequenzen, als sie zugleich Bildung und Erziehung innerhalb der Familie intensivierte – zunächst unter religiösen Vorzeichen. Im Laufe der folgenden Jahrhunderte unterlag diese Praxis dann einer schleichenden Säkularisierung. Die protestantische Familie entwickelte sich zur bürgerlichen Familie – mit entsprechend veränderten Bildungsinhalten und Erziehungsidealen.

Die folgenschwersten Veränderungen erfuhr die kulturelle Praxis von Ehe und Familie aber im frühen 19. Jahrhundert. Im Humanismus und später in der Romantik bildeten sich jene Leitvorstellungen und Sichtweisen heraus, die bis heute unsere kulturellen Grundbefindlichkeiten prägen. So wird die Ehe nun aus ihrer Umklammerung durch wirtschaftliche Funktionen befreit und zu einem Ideal der Liebesbeziehung zweier ‚nur füreinander bestimmter‘ Menschen stilisiert. Die Stoßrichtung – wie sie etwa in Goethes Kultroman ‚Die Leiden des jungen Werther' zur Geltung kommt – ist dabei immer dieselbe: Die Paarbeziehung wird aus allen funktionalen und instrumentalisierenden Bezügen, wie sie für die Agrargesellschaft kennzeichnend sind, herausgelöst und als ‚Zweck an sich' festgehalten. Das Ehe-Ideal des liberalen Bürgertums der Romantik verwehrt sich zudem in bisher nicht gekannter Weise gegen jede Form staatlicher Bevormundung und Instrumentalisierung der Ehe.

Die intime Kommunikation zwischen den Partnern und mit den Kindern erfährt eine Sublimierung der Ausdrucksformen und eine Differenzierung der Botschaften, wie sie dem Lebensgefühl des aufstrebenden Bildungsbürgertums entsprachen. Die ‚Infantilisierung des Kindes', also die Wahrnehmung der spezifischen Bedürfnisse und Ansprüche von Kindern, ihrer Versorgung mit eigens dafür entworfenem ‚Spielzeug' etc., fällt nicht zufällig in diese Periode. An die Stelle der mitunter groben Prügelstrafen und Misshandlungen tritt nunmehr das Bewusstsein der Abhängigkeit des Kindes, dem die Eltern liebende Zuwendung und Persönlichkeitsbildung schulden. An die Stelle des distanzierten ‚Sie' tritt nun das vertraute ‚Du' in der Kommunikation der Generationen – wie auch unter den Ehepartnern. Die um das Ehepaar gruppierte Familie erfährt eine Steigerung, wird als bestimmender Innenraum wahrgenommen. Gesinde und Hauspersonal werden zunehmend auf Distanz gehalten.

Zwar war die Zwei-Generationen-Kernfamilie auch schon vorher die bestimmende Lebensform. Das sozialromantische Bild von der ländlichen Großfamilie mit drei Generationen unter einem Dach hat angesichts der niedrigen Lebenserwartung wohl nur selten der Wirklichkeit entsprochen. Doch in der Romantik wächst darüber hinaus das Bedürfnis nach einer abgeschotteten ‚Privatsphäre' des Paares mit seinen Kindern, in dem eine häusliche Eigenkultur ausgeprägt ist. In dieser Perspektive verändert sich auch das Verhältnis der Geschlechter zueinander. In der vormodernen Agrargesellschaft waren Frauen und Mädchen wie selbstverständlich in den häuslichen Produktionsprozess einbezogen, was die Spielräume für eine eigene ‚Kindererziehung' naturgemäß beschränkte. Jetzt wird den Frauen die Pflege der häuslichen Kultur als eigener Wirkungsbereich zugewiesen. Ganz im Sinne des Schiller'schen Ideals von der daheim wirkenden Hausfrau umfasste dies keineswegs nur die Hausarbeit, sondern eben auch die Pflege von Hausmusik und Literatur, die ritualisierte Gastfreundschaft und die Kultivierung des ‚privaten' Lebensraums der Familie.

Die Familie im Katholizismus der Industrialisierung

Diese Beschreibung macht schon deutlich, dass das Ideal der ‚bürgerlichen' Ehe und Familie zunächst nur von der schmalen Oberschicht des Bildungsbürgertums und den in der Industrialisierung reich gewordenen Industriellen gelebt werden konnte. Die bürgerliche Familie tritt als ein Ideal der Eliten an, das der Masse der Bauern- und Arbeiterbevölkerung als ferne Utopie erscheinen musste. Die soziale Realität war demgegenüber durch harte Arbeit und eine Sieben-Tage-Woche für beide Geschlechter gekennzeichnet.

Der erste sozialpolitische Antrag im Deutschen Reichstag stammt von der katholischen Zentrumspartei – es ist der ‚Antrag Galen' aus den 70er-Jahren des 19. Jahrhunderts. Dort fanden sich so revolutionäre Forderungen wie die Abschaffung der Kinderarbeit sowie der körperlich anstrengenden Frauenarbeit, die Einschränkung der Sonntagsarbeit etc. Die Zentrumspolitiker mussten sich allerdings von der nationalliberalen Reichstagsmehrheit als weltferne Utopisten verlachen lassen. Harte Doppelbelastung in (meist häuslicher, aber z.T. auch außerhäuslicher) Produktion und Haushalt bestimmte die Realität von Frauen in der Agrargesellschaft wie in den ersten Jahrzehnten der Industrialisierung.

Das Vereinswesen und die sozial-karitativen Neugründungen jener Jahre waren eine Antwort auf die enormen Folgeprobleme, denen sich insbesondere die Familien durch diese Belastungen ausgesetzt sahen. Wo Kinder tagsüber nicht betreut werden konnten, da wuchsen sie verwahrlost und weitgehend ohne warme Mittagsmahlzeit auf. Die Gründungen von Kindergärten, Jugend-, Sport- und Kulturangeboten, aber auch ein sich konsolidierendes Schulwesen sollten in einer solchen Umwelt keine ‚Freizeitbeschäftigungen' liefern, sondern erfüllten unter den Lebensbedingungen des Frühkapitalismus eine enorme sozialpolitische Aufgabe der Jugendbildung und Betreuung.

Die katholischen Bevölkerungsschichten gehörten – zumal nach der Schließung der meisten kirchlichen Gymnasien und Universitäten in der Säkularisation zu Beginn des 19. Jahrhunderts – zur bildungsfernen Unterschicht. In der Industrialisierung waren es meist katholische Bevölkerungsteile, die als Bergleute und Arbeiter in die aufstrebenden Industrieregionen des Ruhrgebiets und Oberschlesiens einrückten. Sie waren auch in besonderer Weise von den Folgeproblemen des Übergangs in die Industriegesellschaft betroffen: von der sozialen Not und dem Verlust vertrauter Lebensräume im vormodernen Dorf, von Werteverlust und Desorientierung, von der Erfahrung der vollständigen Beliebigkeit sozialer Ordnung wie auch dem Ausgeliefertsein an die anonymen Mächte des Arbeitsmarktes und der übermächtigen Bürokratie.

In dieser Situation der existenziellen Verunsicherung kommt es nun mit einiger Verspätung auch im Katholizismus zu einer Neubetonung der Bedeutung von Ehe und Familie insbesondere durch das kirchliche Lehramt von Papst und Bischöfen. Wer heute diese Inhalte als ‚Urbestand' katholischer Moralverkündigung empfindet, der übersieht, dass sie vergleichsweise neu sind. So hat etwa das Fest der heiligen Familie erst 1921 in den kirchlichen Festkalender Aufnahme gefunden, für diese jahrtausende alte Institution geradezu eine ‚Spätgeburt'. Die religionssoziologische Forschung hat darauf hingewiesen, dass auch die Predigt- und Hirtenwortliteratur erst im 19. Jahrhundert auf diese Themen eingeschwenkt ist. Dabei ist es gegenüber dem dominanten Ideal der bürgerlichen Familie in der katholisch-kirchlichen Verkündigung durchweg zu einer ‚Steigerung der Solidaritätsimperative' gekommen. Die Väter werden hier zur treusorgenden Aufopferung für die Familie im außerhäuslichen Daseinskampf (in der Tradition des heiligen Josef), die Mütter zur aufopferungsvollen Hingabe an Kinder und Gatten aufgerufen. Die katholische Variante der Familienverkündigung ist zudem durch Formen des milden Patriarchalismus geprägt.

Liegt der Grund für diese (empirisch kaum bestreitbare) ‚Wiederentdeckung' der Familie im Katholizismus des 19. Jahrhunderts in den klerikalen Herrschaftsinteressen der kirchlichen Amtsträger? Haben sich diese auf den bisher vernachlässigten Bereich von Ehe und Familie gestürzt, um nach der Industrialisierung den drohenden Fall in die Bedeutungslosigkeit zu vermeiden? So hat zumindest der religionssoziologische Kritiker H. Tyrell diesen Prozess gedeutet.

Die Berücksichtigung der oben skizzierten miserablen Lage der katholischen Bevölkerungsteile lässt zumindest auch eine andere Deutung zu. Die ‚Neuentdeckung von Ehe und Familie' durch die kirchliche Verkündigung im 19. Jahrhundert ist auch als innovative Anpassung an die veränderten Herausforderungen der neuen gesellschaftlichen Lebensbedingungen der Industrialisierung zu bewerten.

Die Dialektik christlicher Familienverkündigung

Jahrhundertelang waren Würde und Personalität des Einzelnen (insbesondere von Frauen und Kindern) gegen den Absolutheitsanspruch von Ehe und Familie zu verteidigen. Das schiere Überleben der Ehebrecherinnen musste gegen den mörderischen Jähzorn ihrer Ehemänner gesichert werden. Gegenüber der vorherrschenden Polygamie der Mächtigen und der Oberschicht wird das Ideal der Einehe verteidigt. Die kirchliche Sakramentenpraxis (Taufe, Beichte, Eucharistie) richtet sich an den Einzelnen bzw. die Einzelne als eigenständige Träger der Würde und Gotteskindschaft und nicht etwa an das Kollektiv ‚Ehepaar' bzw. ‚Familie'.

Hier soll nicht behauptet werden, das Christentum habe über die Jahrhunderte hinweg das heutige Verständnis von Gleichberechtigung und gleicher Würde der Geschlechter propagiert. Dies wäre naiv und völlig ungeschichtlich. Natürlich hat es in der zweitausendjährigen Kirchengeschichte immer dunkle Perioden gegeben. Doch die langfristige Wirkung der Botschaft von der individuellen Personwürde auf das Bewusstsein der Völker des christlichen Abendlandes wird man nicht überschätzen können. Sie haben auf ihre Weise zur Entwicklung eines ‚expliziten' Ethos der Menschenrechte und der -würde beigetragen. Dies zeigt sich gerade in der globalisierten Welt des 21. Jahrhunderts, in der wir uns mehr denn je des Voraussetzungsreichtums der eigenen Tradition bewusst werden. In dieser erweiterten und vergleichenden Wahrnehmung wird die Einzigartigkeit des abendländischen Bewusstseins individueller Menschenwürde deutlich.

Mit der Entwicklung der Industriegesellschaft, die in ihrer kulturrevolutionären Kraft nur mit dem Sesshaftwerden der Jäger und Sammler vor Jahrtausenden vergleichbar ist, verändern sich die Lebensbedingungen radikal. War in der vormodernen Gesellschaft die Bedeutung von Ehe und Familie unbestritten, so änderte sich dies nun. Im Kontext der neuen Erwerbsformen verlor die Familie – wie gesehen – vielfältige Funktionen an gesellschaftliche Institutionen wie Schule (höhere Bildung und bestimmte Teile der Erziehung), Fabrik oder Büro (wirtschaftliche Produktion und Erwerb), Gerichte und Polizei (Rechtsprechung), Kulturbetrieb etc. Umgekehrt geriet sie ihrerseits in die Abhängigkeit von bestimmten ‚familienfreundlichen' Rahmenbedingungen des gesellschaftlichen Umfeldes (z.B. bezüglich Arbeitszeit, familienrechtlicher Bestimmungen, etc.). Das bedeutete zugleich, dass Ehe und Familie nicht mehr einfach als Rollenstruktur vorgegeben waren, sondern gewollt und gestaltet werden mussten.

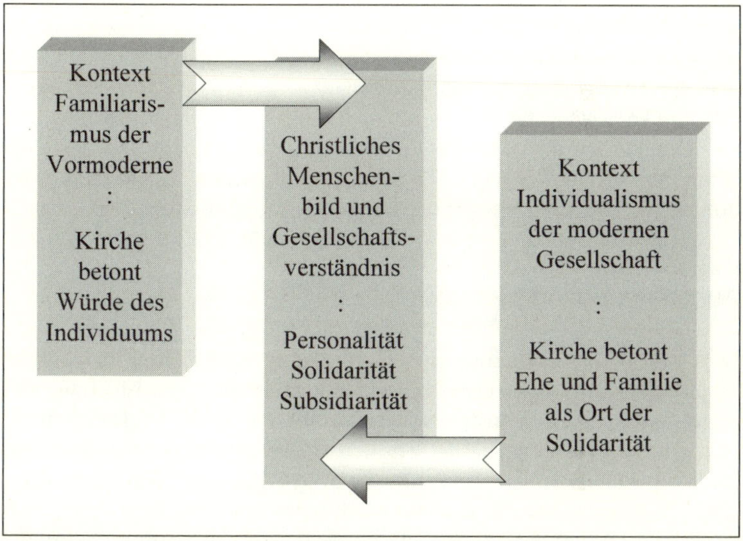

Abbildung 3: Dialektischer Charakter christlicher Familienbotschaft

Die katholischen Bevölkerungsschichten waren als soziale Unterschicht besonders von dieser neuen Herausforderung betroffen. Damit erwachsen auch der ethischen Botschaft der Kirchen neue Herausforderungen. Nun ist es nicht mehr die Würde des Einzelnen, die gegen die Übergriffe des Kollektivs zu schützen ist. Vielmehr unterliegt dieselbe Lebensgemeinschaft Ehe und Familie, die jahrhundertelang zur Freiheitsbedrohung werden konnte, jetzt einem schleichenden Verfall. Aus dem Kollektivismus der Agrargesellschaft ist ein Individualismus geworden, der die Grundlagen familiären Zusammenlebens in Frage stellt. Das hat Folgen für die Lebenssituation von Kindern und Jugendlichen, aber auch für

Erwachsene in Krisensituationen und Notlagen, die die gesellschaftliche Situation im Deutschland des 21. Jahrhunderts unwiderruflich prägen werden. Aus der tendenziell individualistischen Stoßrichtung des Christentums in Antike bis Neuzeit wird vor diesem völlig veränderten Hintergrund die moderne Mahnung zur Übernahme wechselseitiger Verantwortung und dauerhafter Solidarität.

Die epochale Verschiebung der Lebensbedingungen in der Moderne bleibt nicht ohne Konsequenzen für die christliche Familienverkündigung. *Die Familie wird für die Menschen wichtiger und deshalb wird sie auch für die christliche Botschaft wichtiger.* Konsequent verändert sich auch die Stoßrichtung der Kritik ihrer Gegner: Wurde das Christentum in der Antike als antifamiliär und in diesem Sinne als Bedrohung der Grundlagen der menschlichen Zivilisation wahrgenommen, so gilt es heute als strukturkonservativ und sozialromantisch – und damit als unbrauchbar für die Herausforderungen des 21. Jahrhunderts.

Ausnahmephänomen Hausfrauen-Ehe

Durch die wirtschaftliche Entwicklung und Konsolidierung der Industriegesellschaft verbesserte sich die Lage der breiten Bevölkerung und damit auch die Lebensmöglichkeiten der Familien. In Deutschland geschah dies vor allem in der zweiten Hälfte des 20. Jahrhunderts mit ihren einzigartig hohen Wachstumsraten in Folge des ‚Wirtschaftswunders'. Vollbeschäftigung und wirtschaftlicher Wiederaufbau legten erstmals die wirtschaftliche Basis dafür, dass die bürgerliche Ehe von breiten Bevölkerungsschichten gelebt werden konnte.

Vorher blieb die Hausfrauen-Ehe das wirklichkeitsferne Ideal einer schmalen Oberschicht. In den 50er- und 60er-Jahren des 20. Jahrhunderts konnte sie zeitweise von über 90 Prozent der erwachsenen Bevölkerung in Deutschland gelebt werden. Denn nun reichte das Erwerbseinkommen eines Partners aus, um die Familie angemessen zu ernähen und – unterstützt durch die Sozialversicherungssysteme – ein ausreichendes Maß an sozialer Sicherheit zu garantieren. Der andere Partner (fast ausschließlich die Frau) war dadurch freigestellt zur Hausarbeit und Kindererziehung, wobei durch die Einführung von zeitsparenden Geräten auch nennenswerte Zeit für Letzteres verblieb.

Was nun in der jungen Bundesrepublik Deutschland zunehmend als ‚Normalfamilie' angesehen werden konnte, das beruhte freilich auf einer – im historischen Überblick geradezu außergewöhnlichen – Konstellation von Bedingungsfaktoren, die sich in der Folgezeit sehr schnell zu verändern begannen. Neben der bereits genannten Ausnahmephase wirtschaftlichen Wachstums und der Wohlstandsmehrung sind hier eine (vor allem in den 60er-Jahren) geringe Scheidungsneigung, eine steigende Geburtenrate, sowie ein gravierender Bildungsunterschied zwischen Männern und Frauen als wichtigste Faktoren zu nennen.

Aus der Rückschau waren diese Bedingungen der Nachkriegsjahrzehnte allerdings keinesfalls repräsentativ. Sie beschrieben vielmehr eine in vielerlei Hinsicht einzigartige Konstellation, die die Lebensform der ehe-basierten Familie in vielerlei Weise begünstigte. Die Hausfrauen-Ehe wird vor dem Hintergrund schwierigerer wirtschaftlicher Bedingungen wie auch einem veränderten Geschlechterverhältnis im 21. Jahrhundert wohl eher die Lebensform einer Minderheit sein.

Zur methodischen Herangehensweise

Zweckanalyse von Ehe und Familie ?

Bundespräsident Johannes Rau hat in seiner Weihnachtsansprache zum Jahreswechsel 2003/2004 auf den grundlegenden Unterschied zwischen einer Familie und einem Unternehmen hingewiesen. Er wollte damit vor der Ökonomisierung aller Lebensbereiche warnen. Der Bundespräsident hat mit diesem Plädoyer in der Öffentlichkeit große Resonanz gefunden. Ehe und Familie sind – zumal in ihrer nach-romantischen, bürgerlichen Selbstwahrnehmung – geradezu durch den Widerstand gegen ihre Instrumentalisierung und Unterordnung unter ökonomische Nützlichkeitserwägungen definiert. Sie sind Eigenwert und Zweck an sich. Gleiches gilt für das Kind als menschliches Wesen. Kinder zu ‚berechnen' und die Freude mit ihnen in Zahlen zu fassen und gegen andere ‚Nutzenelemente' wie Urlaub, Autos, Hobbys etc. abzuwägen, erscheint geradezu als ein Kategorienfehler. Wo über das gemeinsame Leben in Ehe und Familie eine Bilanz geführt und auf Ausgleich von Kosten und Nutzen gedrängt wird, da ist das Besondere dieses ‚privaten' Lebensbereiches übersprungen. Er wird dann in das Prokrustesbett einer anderen Denklogik (eben der des ‚Markttausches') eingeordnet. Aus der ‚Teilnehmerperspektive' sind Ehe und Familie geradezu idealtypisch durch das Ausblenden der Kategorien von Kosten und Nutzen gekennzeichnet.

Kann es trotzdem sinnvoll sein, Ehe und Familie mit ökonomischen Instrumenten zu untersuchen? In den letzten Jahrzehnten ist genau dieser Versuch gemacht worden – und er hat sogar höchste wissenschaftliche Anerkennung (bis hin zu zwei Nobelpreisen) erhalten. Die ‚Ökonomik der Familie' ist heute insbesondere an amerikanischen Universitäten eine gut eingeführte Disziplin. Wie andere wissenschaftliche Untersuchungs- und Darstellungsformen ist auch die ökonomische Theorie der Familie letztlich ein Instrument des Erkenntnisfortschritts, das von der Komplexität realweltlicher Bezüge bewusst abstrahiert, um nach Antworten auf hoch spezifische Fragen zu suchen. Ein vertrauteres Beispiel dafür bietet die moderne Medizin. Sie analysiert den menschlichen Körper so, als wäre er nichts anderes als ein Ensemble biochemischer Prozesse. Jeder Arzt weiß, dass die menschliche Wirklichkeit wesentlich komplexer ist, dass der Heilungsprozess auch von der psychischen und sozialen Situation des Patienten abhängt etc. Doch die moderne Medizin abstrahiert bewusst von solchen realweltlichen Bezügen, um bestimmte grundsätzliche physiologische Zusammenhänge aufzuweisen und daraus Therapiemöglichkeiten ableiten zu können.

Die sozialwissenschaftliche Verhaltenstheorie will nicht erklären, warum eine bestimmte Person in einer bestimmten Lebenssituation so oder so handelt. Sie will auch keine Ratschläge dazu geben, wie sie handeln sollte. Die Sozialwissenschaften interessieren sich (im Gegensatz zu den Human- oder Verhaltenswissenschaften) überhaupt nicht primär für einzelne Handlungen, sondern für gesellschaftliche Institutionen und Regeln, für eine politische Ordnung. Sie fragen dementsprechend niemals nach Einzelfällen sondern nach Massenverhalten. Die übergeordnete, auf eine bestimmte Politikempfehlung abzielende Forschungsfrage lautet: Welcher institutionelle Rahmen ist geeignet, um bei einer Vielzahl von Personen ein sozial erwünschtes Verhalten (z.B. Engagement für andere Menschen) zu verstärken bzw. ein sozial unerwünschtes Verhalten (z.B. Suchtverhalten, Kriminalität etc.) zu verhindern? Um Fragen dieser Art zu beantworten, muss dann zunächst geklärt werden: Welches Verhaltensmodell ist geeignet, um Anpassungen der betroffenen Personen auf Veränderungen ihres institutionellen Umfelds vorauszusagen?

Ökonomische Analyse der Familie – und ihrer Diskriminierung

Als Beispiel möge ein gerade in diesen Monaten häufig diskutiertes Thema dienen: Angesichts der demografischen Entwicklung stellen sich viele Politikerinnen und Politiker heute die Frage, wie die Geburt und Erziehung von Kindern durch die Veränderung institutioneller Rahmenbedingungen gefördert werden könnte. Um auf diese Frage Antworten zu geben wäre es notwendig festzuhalten, von welchen Faktoren die Entscheidung abhängt, ein Kind (mehr) zu haben und zu erziehen. Ist es die finanzielle Situation? Ist es die Möglichkeit, Beruf und Familie miteinander vereinbaren zu können? Oder ist es das Vertrauen in seine Partnerin/seinen Partner?

Es wird deutlich: Die Frage nach dem Verhalten eines repräsentativen Einzelnen ist hier nur insofern interessant, als es die Gestaltung flankierender gesellschaftlicher Institutionen beeinflussen würde. Im Beispiel könnte man annehmen, dass die Bereitschaft zur Geburt und Erziehung eines (weiteren) Kindes in mehr Familien positiv ausfällt, wenn die Kosten der Kindererziehung sinken. Ein wichtiger Kostenfaktor ist der entgangene Lohn bzw. die Qualifikation, die man in der Zeit der Familienpause erwerben würde. Werden diese Kosten durch flankierende gesellschaftliche Institutionen (etwa qualitativ hochwertige Betreuungseinrichtungen) gesenkt, so wird dies tendenziell die Bereitschaft zu einem (weiteren) Kind steigern.

Je höher der (entgangene) Erwerbslohn, desto stärker ist die Kostensenkung durch den Zugang zu Betreuungseinrichtungen. Aufgrund dieser Modellierung lässt sich z.B. vermuten, dass qualifizierte Frauen durch ein besseres Angebot von Betreuungseinrichtungen in ihrem Geburtenverhalten stärker beeinflusst werden als weniger qualifizierte. Nicht gesagt ist mit dieser Modellierung dagegen, dass eine Frau ihre Entscheidung für oder gegen eine Mutterschaft immer von einer bestimmten Summe entgangenen Lohns abhängig macht – oder gar abhängig machen sollte. Nicht gesagt ist auch, dass es nicht viele Männer und Frauen gibt (oder geben sollte), die für die Erziehung eines Kindes auch berufliche Nachteile in Kauf nehmen würden etc. Im Mittelpunkt des Interesses der Untersuchung steht überhaupt nicht das Verhalten des einzelnen Elternteils, sondern die Gestaltung der gesellschaftlichen Rahmenbedingungen zur Beeinflussung von Massenverhalten.

Zum weiteren Vorgehen

Wenden wir dieses Schema auf die Ehegesetzgebung an, dann ist damit das weitere Vorgehen abgesteckt. Zunächst ist eine grundsätzliche Zielvorstellung zu formulieren. Diese Leitfrage dazu lautet: Sollte der weltanschaulich neutrale Staat (überhaupt) die Ehe schützen? Und wenn ja, warum sollte er dies tun? Dieser Frage soll im folgenden Kapitel nachgegangen werden. Dabei werden wir – entsprechend der ökonomischen Theorie der Familie – nicht irgendwelche partikulären weltanschaulichen Begründungen zur Grundlage der Argumentation wählen. Ziel soll es vielmehr gerade sein, möglichst anschlussfähig an verschiedene wertgebundene Wahrnehmungen zu sein, wie sie im pluralistischen Staat allenthalben anzutreffen sind.

Dazu werden im übernächsten und dem darauf folgenden Kapitel eine ganze Reihe empirischer Befunde dargestellt. Diese betreffen zunächst die Ehe als Kern der Familie, also in ihrem Bezug auf die Erziehung von Kindern. Später geht es um die Vorteile, die eine Ehe den Partnern auch dann bringt, wenn sie keine Erziehungsverantwortung tragen. Von diesen Befunden her lassen sich funktionsfähige Ehen als ‚Ressource' der Gesellschaft verstehen. Nach diesen begründenden Überlegungen soll dann erörtert werden, welche Instrumente und Maßnahmen geeignet wären, das erhobene Ziel (auch wirklich) zu erreichen. Welche Wege des ‚Ehe-Schutzes' bieten sich an? Ausgehend von diesen Überlegungen soll abschließend noch einmal grundsätzlich auf die Rolle der Gesellschaftspolitik angesichts der aktuellen und der in den nächsten Jahren noch zu erwartenden sozialpolitischen Reformen reflektiert werden.

Erfolgsmodell Ehe – als Kern der Familie

Der Hintergrund: Die Diskussion um die Benachteiligung der Familie

Ist der Schutz der Ehe im Sinne von Artikel 6 Grundgesetz im Kontext einer pluralistischen Gesellschaft überhaupt zu rechtfertigen? Oder wird hier von den Verfassungsvätern eine selbstverständliche Zusammengehörigkeit der Lebensformen vorausgesetzt, die in dieser Form heute nicht mehr unserer gesellschaftlichen Realität entspricht? Ist der Artikel überholt und revisionsbedürftig?

Um diese Frage jenseits bestimmter Weltanschauungen und Wertefundamente zu beantworten, ist die Bedeutung der Ehe in der sozialen Realität darzustellen. Konkret gefragt: Macht es einen Unterschied – für die Partner selbst wie auch für ihr gesellschaftliches Umfeld – ob ein Paar verheiratet ist? Ist es nicht eine private Lebensentscheidung in welcher Form zwei Menschen zusammenleben – ob verheiratet oder unverheiratet? Inwiefern darf eine liberale Gesellschaft, die sich eines Eingriffs in die Privatsphäre seiner Bürger zu enthalten hat, hier rechtlich einen Unterschied machen?

Die Schutzwirkung von Artikel 6 Grundgesetz bezieht sich vor allem auf die Existenz von Kindern. Spätestens seit dem Urteil des Bundesverfassungsgerichtes von 1992 tritt mehr und mehr ins öffentliche Bewusstsein, dass das Sozialversicherungssystem, wie es sich in der Bundesrepublik Deutschland entwickelt hat, gravierende Benachteiligungen gegenüber Familien aufweist. Der klassische Generationenvertrag etwa – so hatten wir gesehen – lässt sich auch als Versicherung auf Gegenseitigkeit verstehen. Indem eine Erwachsenengeneration ihre alten Eltern pflegt, stabilisiert sie zugleich eine Regel des Zusammenlebens, von der sie selbst im Alter ihr Auskommen erhoffen kann. Auch zwischen zwei Generationen ist der Vertrag ein Geschäft auf Gegenseitigkeit. Die Elterngeneration trägt die Last der Versorgung, Aufzucht und Erziehung der Kinder, diese tragen dafür die Last der Altersversorgung und Pflege im Alter. Die soziale Funktion des Generationenvertrages ist zu allen Zeiten ein Eckstein der Zivilisation gewesen, auch wenn die niedrige

Lebenserwartung in der Feudalgesellschaft umfangreiche Rentenzahlungen kaum nötig werden ließ. Die Generationenbeziehungen sind dementsprechend auch Gegenstand intensiver religiöser Normierung gewesen.

Das staatliche Steuer- und Rentenrecht – zumindest in der Spielart, in der es sich in Deutschland entwickelt hat – hat nun das prinzipiell ausgeglichene Verhältnis des Gebens und Nehmens zwischen den Generationen sehr einseitig verändert, und zwar zu Lasten der Elterngeneration. So sind die Kosten der Kindererziehung nach wie vor privat zu tragen, sie gelten auch steuerlich als Ausgaben der privaten Lebensführung. Rentenversicherungstechnisch werden durch die Kindererziehung keine, seit den Reformen der 90er-Jahre wenigstens geringe Beitragsansprüche gesammelt. Der ‚Nutzen von Kindern' ist dagegen durch das Umlageverfahren der Rentenversicherung, wie es in Deutschland mit der Rentenreform 1953 eingeführt worden ist, gegenüber dem klassischen Generationenvertrag sozialisiert worden. Denn von den Beitragszahlungen profitieren nicht mehr die eigenen Eltern. Es profitieren vielmehr diejenigen in der Elterngeneration, die durch ihre eigenen Einzahlungen Ansprüche auf das von den Kindern erwirtschaftete Beitragsvolumen erworben haben. Dies sind aber tendenziell jene Rentenbezieher, die eine durchgängige Erwerbsbiografie aufweisen und nicht immer selbst Kinder erzogen haben. Sie profitieren im System unserer Rentenversicherung doppelt: einmal, weil sie keine Kosten der Kindererziehung zu tragen haben, und dann im Alter, weil sie hohe Ansprüche auf Rentenzahlungen erworben haben, die letztlich von Kindern anderer erarbeitet werden.

In dieser Strukturveränderung liegt eine gravierende Benachteiligung von Eltern und insbesondere kinderreichen Familien: Ihre Investitionen in ihre Kinder werden faktisch enteignet. Die Architekten der Rentenreform – wie etwa der Kölner Professor Wilfried Schreiber – haben von Anfang an auf diese Fehlsteuerung hingewiesen. Schreiber wollte die Rentenzahlung an die ältere Generation daher mit der Zahlung einer ‚Jugendrente' verbinden – einer Art ‚Vorschuss für Kinder und Jugendliche', der zusammen mit den Rentenbeiträgen später zurückzuzahlen wäre. Ein solches System paralleler Zahlungen an alte und junge Menschen wäre zwar auf eine vollständige Individualisierung des Generationenvertrages hinausgelaufen: Jeder hätte dann nur noch seinen eigenen Kredit zurückbezahlt bzw. Rentenansprüche erworben. Faktisch aber wäre die einseitige Belastung der Eltern vermieden worden, denn sie wären in den Genuss der Zahlungen des Kinderkredits gekommen. Schreiber konnte sich allerdings mit diesem Vorschlag politisch nicht durchsetzen, obwohl er Rückwirkungen auf die Bereitschaft zur Übernahme von Elternverantwortung und damit die Geburtenziffern prophezeite. Die Politiker wischten dies mit der Bemerkung vom Tisch: ‚Kinder werden die Leute immer haben'. Gut zehn Jahre später sackte die Geburtenrate in Deutschland auf einen historischen Tiefstand und gehört bis heute zu den niedrigsten der Welt.

Nachdem das Bundesverfassungsgericht in einem wegweisenden Urteil zu Beginn der 90er-Jahre auf die vielfältigen Benachteiligungen von Familien hingewiesen hatte, sind diverse kleine Änderungen vollzogen worden, die aber den grundsätzlichen Webfehler des Systems nicht beseitigen konnten. Durch die Einführung der Pflegeversicherung Mitte der 90er-Jahre sind die – damals bereits bekannten – Fehlsteuerungen sogar noch verstärkt worden. Denn auch hier sind wieder Leistungen getrennt worden, die im klassischen Generationenvertrag miteinander verbunden waren: Pflege von Kindern am Beginn und Pflege von Alten am Ende des Lebens. Wieder wurden die Kosten für letztere sozialisiert, während erstere weiterhin privat zu leisten sind. Die politischen Diskussionen um die Abmilderung dieser erneuten Fehlsteuerung halten an. Der Artikel 6 Grundgesetz spielt in dieser familienpolitischen Argumentation immer wieder eine wichtige Rolle.

Wir interpretieren im Folgenden also in einem ersten Schritt den Grundrechtsschutz der Ehe zunächst vom Schutz der Familie her. Lässt sich von diesem primären Steuerungsziel der Verbesserung der Lebenssituation von Kindern und Eltern her auch der Schutz der Ehe begründen? Diese Frage läuft effektiv auf eine zweite Frage hinaus: Macht es für Kinder (überhaupt) einen Unterschied, ob ihre Eltern verheiratet sind oder nicht?

Warum werden Ehe und Familie in der öffentlichen Diskussion immer stärker voneinander getrennt?

Die Bedeutung der Ehe als Fundament einer Familie mit Kindern ist selbst prinzipiell ‚ehe-kritischen' Partnern so deutlich bewusst, dass nicht wenige den Gang zum Standesamt (oder gar zum Traualtar) antreten, sobald sich Kinder ankündigen. Andererseits aber sind die Ansprüche an eine Partnerschaft enorm gewachsen und mit ihnen das Bewusstsein, eine ‚unglückliche' Beziehung auf keinen Fall fortzusetzen. Viele Paare insbesondere aus der ‚Baby-Boomer'-Generation der 60er-Geburtsjahre haben in ihrer eigenen Kindheit erlebt, wie ihre Eltern trotz Streitereien und wachsender Entfremdung zusammen geblieben sind. Solche ‚aufopfernden' Verhaltensweisen insbesondere der Frauen wurden in den 70er- und 80er-Jahren stark kritisiert. Partner sollten – so hieß es – um ihrer selbst und ihrer Kinder willen lieber auseinander gehen, als unglücklich zusammen zu bleiben und dadurch ihre Kinder psychisch zu belasten. Diese Argumentation hat dann im Weiteren zu einer Lockerung des Zusammenhangs zwischen Ehe und Familie auch in der öffentlichen Wahrnehmung geführt. Weil eben an einer unglücklichen Ehe nicht festgehalten werden sollte, wurde es vermieden, die negativen Folgen einer Scheidung für die Kinder zu betonen.

Ein weiterer Aspekt war die Einstellung zu Alleinerziehenden. Auch hier war die Ablehnung dessen, was man selbst in der Kindheit erlebt hatte, dominierend für die eigene Meinungsbildung. Die Ablehnung der sozialen Ächtung von alleinerziehenden Müttern und ihrer Kinder in den 50er- und 60er-Jahren hat dazu geführt, die Unterschiede in den Lebensbedingungen von ehelich und unehelich aufwachsenden Kindern herunterzuspielen oder ganz zu leugnen. Franz-Xaver Kaufmann hat denn auch die dahinter stehende Werteverschiebung in den 60er- und 70er-Jahren deutlich beschrieben: Zwar wurde die Vernachlässigung von Kindern weniger toleriert als früher. Es wuchs aber das Verständnis dafür, dass eine Partnerschaft nun einmal scheitern könne, wenn die Partner eben nicht zueinander passen. Wo früher ein ‚liebloses' Zusammenbleiben wirtschaftlich oder durch gesellschaftliche Konventionen erzwungen wurde, da erschienen nun Schwierigkeiten in der partnerschaftlichen Kommunikation Grund genug für eine Trennung zu sein. Gelingen oder Misslingen von Partnerschaft – und damit Fortbestand oder Ende der ehelichen Lebensgemeinschaft – ist dann eine Angelegenheit der Schicksalsmächte, die kaum zu beeinflussen sind.

Gerade weil aber viele Mütter und Väter ‚ohne eigenes Verschulden' zu Alleinerziehenden geworden waren, sollten die Folgeprobleme, die ihren Kindern aus dem Verlust des anderen Elternteils erwachsen sind, nicht auch noch zusätzlich betont werden. Dies galt für große Teile der Forschungslandschaft ebenso wie die Berichterstattung in Medien, Ratgebern und Öffentlichkeit. Der Alleinerziehendenhaushalt wurde dadurch in der öffentlichen Wahrnehmung mehr und mehr von der gleich*berechtigten* zur gleich*wertigen* Lebensform für Erwachsene und Kinder. Diese Wahrnehmung bestimmt denn auch heute die Meinung breiter Bevölkerungsschichten – in Westdeutschland ebenso wie in Ostdeutschland. Dort findet (z.B. in Thüringen) heute bereits die Mehrheit der (insgesamt wenigen) Geburten außerhalb von ehelichen Lebensgemeinschaften statt, ohne dass die Öffentlichkeit noch irgendein Problem darin sähe.

Die soziale Wirklichkeit, wie sie sich in zahlreichen empirischen Forschungsergebnissen niedergeschlagen hat, spricht allerdings eine andere Sprache als die Wahrnehmung der politischen Öffentlichkeit. Diese Befunde anzusprechen, bedeutet gerade nicht, über Einzelschicksale ein Urteil zu fällen oder alleinerziehenden Eltern ihren guten Willen abzusprechen. Wie wir noch sehen werden, ist es meist nicht das fehlende Engagement dieser Eltern, das die Lage ihrer Kinder schwieriger macht. Zum Problem wird vielmehr ihr geringerer Handlungsspielraum, der sich sowohl in weniger Geld als auch in weniger Zeit für konkrete Zuwendung auswirkt.

Doch diese Wirklichkeit ist die persönliche Tragik einer Vielzahl von Mädchen und Jungen, in deren Biografie die Scheidung der Eltern tiefe Spuren hinterlässt. Ihre Bindungsfähigkeit und Emotionalität leidet – wie psychologische Studien gezeigt haben – auf vielfältige Weise unter der Trennung von einem Elternteil, die in den meisten Fällen eine endgültige Trennung ist. Viele Kinder geben sich selbst die Schuld am Scheitern der elterlichen Beziehung, andere verlieren das Vertrauen in die Stabilität menschlicher Bindungen. Die Scheidungsrate von Kindern aus Scheidungsfamilien ist denn auch höher als jene aus Familien ohne eine solche Trennungserfahrung.

Kinder brauchen nach allen entwicklungspsychologischen Untersuchungen für ihre Entwicklung vor allem eines: Erwartungssicherheit und Stabilität ihres sozialen Umfelds. Das betrifft insbesondere die wichtigsten sozialen Bezugspersonen Mutter und Vater. Die Bedeutung der Ehe zur Stabilisierung dieses Personenverbandes ist mehr als nur Folklore: Sie dokumentiert sozialen Zusammenhalt nach außen und auch eine Erwartungssicherheit der Partner untereinander. Der Nutzen der elterlichen Ehe für die in der Familie aufwachsenden Kinder liegt also vor allem in der größeren Berechenbarkeit und Stabilität ihres sozialen Umfelds. Wenn dagegen ein Paar auch bei der Ankunft von Kindern auf eine Eheschließung verzichtet, so deutet dies in unserem Kulturkreis meist darauf hin, dass sich die Partner ihrer Beziehung nicht so sicher sind.

Scheidung der Eltern – Folgen für die Kinder

Die negativen Folgen des Zerbrechens der elterlichen Ehe – und auch der Geburt in eine nichteheliche Beziehung hinein – umfasst für Kinder noch weitere empirisch nachgewiesene Aspekte, die in der öffentlichen Diskussion kaum bewusst sind. Vergleiche von ehelich geborenen Kindern mit Kindern, die im Haushalt von Alleinerziehenden aufwachsen, zeigen im statistischen Durchschnitt komplexe Benachteiligungen für Letztere. So verfügen Alleinerziehende durchschnittlich über ein deutlich geringeres Einkommen und deren Kinder wachsen deshalb wesentlich öfter in Sozialhilfehaushalten auf. Damit hängt eine ungesündere Ernährung mit Übergewicht und gesundheitlicher Anfälligkeit zusammen. Dies setzt sich in geringerer schulischer und beruflicher Leistungsfähigkeit fort: Kinder aus Haushalten Alleinerziehender verhalten sich öfter psychisch und emotional auffällig. Sie zeigen häufiger ein Suchtverhalten (insbesondere Alkohol- und Nikotin, aber auch Drogenabhängigkeit) und werden häufiger kriminell als ihre Altersgenossen aus vollständigen Familien. Mädchen werden ihrerseits früher schwanger und können ihre Berufsausbildung nicht beenden. Diese Befunde bleiben auch dann stabil, wenn man soziale Benachteiligung, Bildungsstand oder Nationalität als zusätzliche Einflussfaktoren statistisch herausrechnet.

Fraglich bleibt, ob das Zerbrechen der ehelichen Lebensgemeinschaft der Eltern selbst ursächlich für diese Konsequenzen ist oder ob es nicht andere Persönlichkeitsmerkmale eines oder beider Elternteile gibt, die für die Scheidung und zugleich auch die schlechteren Entwicklungschancen der Kinder verantwortlich sind. Doch auch solche Forscher, die die Scheidung zunächst nicht als Ursache dieser komplexen Benachteiligungen von Kindern annehmen wollten, mussten vielfach feststellen, dass sich zumindest eine Mitursächlichkeit der Scheidung für die späteren Probleme der aus diesen Haushalten stammenden jungen Erwachsenen nicht leugnen lässt.

Zeit für Zuwendung

Zwei Eltern sind schon deshalb besser als ein Elternteil, weil sie zusammen eben doppelt so viele Stunden Zuwendung an ihre Kinder zu vergeben haben. Sie können sich darüber hinaus auf verschiedene Dinge spezialisieren und dadurch Vorteile der Arbeitsteilung auch innerhalb der Familie nutzen. Sie können sich entweder auf die Erwerbsarbeit oder die Familienarbeit spezialisieren (in der klassischen ‚Hausfrauen-Ehe'), oder sie können ihre Arbeitszeiten besser koordinieren. Mit beiden Eltern im selben Haushalt zu leben, bedeutet mehr elterliche Aufsicht und zwei Erwachsene, um sich nach einem langen Tag auszusprechen. Bei zwei Eltern in der Wohnung ist die Chance doppelt so groß, dass einer von beiden bei den Mathematik- oder Englischhausaufgaben helfen kann oder etwas von der Projektaufgabe im Deutschunterricht versteht. In einer amerikanischen Studie berichten entsprechend 81 Prozent der befragten Schülerinnen und Schüler aus vollständigen Familien, dass sie von ihren Eltern Hilfe bei den Hausaufgaben bekommen, während dies bei Stiefeltern nur 68 Prozent, bei Alleinerziehenden sogar nur 56 Prozent von sich sagen können.

Bei einer Scheidung ist ‚weniger Zeit mit Papa' auch verbunden mit ‚weniger Zeit mit Mama'. Denn sie muss arbeiten gehen, um den Ausfall des Hauptverdieners wenigstens teilweise zu ersetzen. Kinder, die in Haushalten von Alleinerziehenden aufwachsen, verbringen daher nicht nur weniger Zeit mit ihren Vätern, sondern auch weniger Zeit mit ihren Müttern als Kinder in vollständigen Familien. Wiederum eine amerikanische Studie von 1997 zeigte, dass dieser Unterschied 9 Stunden gemeinsame Zeit weniger pro Woche mit der Mutter und 13 Stunden weniger gemeinsame Zeit mit einem der beiden Elternteile (Mutter oder Vater) ausmacht. Die Konsequenzen dieser geringeren gemeinsamen Zeit können langfristig noch gravierender sein als die finanziellen Probleme: Weniger Hilfe bei Hausaufgaben und in der Schule führen zu geringeren schulischen Leistungen und erklären, warum Kinder von Alleinerziehenden wesentlich schlechtere Berufschancen haben als Kinder, die in vollständigen Familien aufwachsen.

Finanzielle Situation von Kindern aus Scheidungsfamilien

In der ganz überwiegenden Zahl wachsen Kinder und Jugendliche nach einer Scheidung im Haushalt ihrer Mutter auf. Die Ehegerichte weisen das Sorgerecht in den meisten Fällen den Müttern zu, nur in wenigen Fällen einer ‚gütlichen Trennung‘ wird gemeinsames Sorgerecht vereinbart. Nicht zuletzt diese Rechtspraxis führt dazu, dass ein Großteil der Betroffenen schon nach wenigen Jahren keinen lebendigen Kontakt mehr zu ihrem leiblichen Vater hat. Damit verschlechtert sich aber auch ihre finanzielle Situation, da die Väter meist über das höhere Einkommen verfügen. Unterhaltszahlungen, wie sie bei der Scheidung vereinbart wurden, werden in vielen Fällen nur sehr unregelmäßig oder überhaupt nicht geleistet, und rechtlich einklagbar sind sie nur unter großen Schwierigkeiten, da der fehlende Kontakt zum Vater auch seine Greifbarkeit erschwert.

Eine Vielzahl von sozialrechtlichen Zuständigkeiten hat darüber hinaus jahrelang den Zugriff auf die Väter zusätzlich erschwert. So wurden die Zahlungen an Alleinerziehende und ihre Kinder aus einigen Landeshaushalten vorgestreckt, für die Eintreibung bei den Vätern waren dann aber die Kommunen zuständig, denen – trotz erheblichen Verwaltungsaufwandes – kein Eigenanteil zugestanden wurde. Entsprechend gering war das Engagement der Kommunen. Dies hat zu zweistelligen Millionendefiziten in manchen Landeshaushalten geführt – und schließlich die Einstellung der Vorauszahlungspraxis bewirkt.

Damit ist auch ein anderes Problem benannt: Alleinerziehende und ihre Kinder rutschen in ganz erheblichem Umfang in die Sozialhilfe und die totale Abhängigkeit von staatlichen Zahlungen ab – mit allen Konsequenzen, die das für die Wahrnehmung der gesellschaftlichen Umwelt und die Haltung einer ‚erlernten Hilflosigkeit‘ hat. Aus diesem Grund hat etwa die Regierung Clinton – nach amerikanischen Maßstäben eher eine ‚linke‘ Administration – den Sozialhilfebezug auf insgesamt 5 Jahre im Lebenslauf eingegrenzt.

Finanzielle Probleme ergeben sich bei einer Scheidung auch aus anderen Gründen. So verlieren alleinerziehende Mütter und Väter durch die Scheidung wichtige Vorteile, die aus der Ehe resultieren. Das gilt selbst dann, wenn sie über eine qualifizierte berufliche Ausbildung und einen Arbeitsplatz verfügen. Im deutschen Steuerrecht ist etwa das Ehegattensplitting zu nennen, das Ehepartnern große Vorteile bringt und bei einer Scheidung ersatzlos entfällt. Die Partner verlieren aber nach einer Trennung der Haushalte auch andere Vorteile, die mit der ehelichen Lebensgemeinschaft verbunden sind. Ihre Lebenshaltung wird nun schon deshalb teurer, weil sie jeweils zwei Autos, zwei Fernsehgeräte, zwei komplette Küchenausstattungen etc. brauchen.

Deshalb gilt: Selbst wenn der Einkommensausfall, der durch den Verlust des Hauptverdieners entsteht, durch staatliche Unterstützung im Rahmen der Sozialhilfe etc. vollständig ausgeglichen werden könnte (was in der Realität einer Sozialpolitik knapper öffentlicher Kassen völlig unrealistisch ist), so wäre dennoch für die Familienmitglieder selbst noch nicht der gleiche Lebensstandard erreicht. Denn das ‚Leben getrennt' ist eben erheblich teurer als das ‚Leben zusammen'. Das Zerbrechen der ehelichen Lebensgemeinschaft wird dadurch zu einem Negativ-Summenspiel für Partner, Kinder und Gesellschaft.

Selbst wenn der Vater seine finanzielle Verantwortung auch nach einer Scheidung noch wahrnimmt, ist er als unverheirateter Mann meist beruflich weniger leistungsfähig und erfolgreich. Wenn er nach der Scheidung wieder heiratet, übernimmt er neue Solidarpflichten, die mit jenen der zerbrochenen Familie konkurrieren. Auch bei gutem Willen des Mannes sinkt also in beiden Fällen seine finanzielle Leistungsfähigkeit. Deshalb gilt insbesondere in sozial schwachen Bevölkerungsschichten: Wenn der Ehepartner auszieht, zieht die Armut ein. Mit ihr stellen sich all' jene offenen und versteckten Benachteiligungen ein, die die Lebenschancen von Kindern und Jugendlichen beeinträchtigen.

Doch nur ungefähr die Hälfte der negativen Einflüsse einer Scheidung hängt mit den finanziellen Folgen zusammen. Geld ist längst nicht alles, was Eltern ihren Kindern zu geben haben. Ebenso wichtige Faktoren sind das Fehlen von Zeit und Zuwendung, die Alleinerziehende wie oben beschrieben ihren Kindern oft schuldig bleiben müssen. Beides hängt in der alltäglichen Lebenswirklichkeit allerdings eng miteinander zusammen.

Emotionale Bindung

Diese Effekte sind allerdings nicht nur ‚technisch' – im Sinne eines Mangels bestimmter ‚Zutaten' – zu verstehen. Als solche wären sie leichter zu ersetzen – z.B. durch Hausaufgabenhilfe von dritter Seite. Doch geringere gemeinsame Zeit führt nicht selten eben auch zu schwächerer emotionaler Bindung. Dies gilt natürlich insbesondere in der Beziehung zu dem nicht im Haushalt lebenden Elternteil – in der Regel dem Vater. Im Laufe der Jahre verlieren Scheidungskinder nicht selten jeden Kontakt zu ihm. Er wird zur vollständig fremden Person, an dessen Schicksal man wie bei einem entfernten Bekannten aus der Beobachterperspektive Anteil nimmt.

Doch überraschenderweise zahlen Scheidungskinder einen Tribut auch im Hinblick auf die Mutter-Kind-Beziehung. Befragungen zeigen, dass Kinder aus Scheidungsfamilien als Erwachsene zu 40 Prozent seltener von regelmäßigen (d.h. mehrmals wöchentlichen) Besuchen bei ihren Eltern berichten als Kinder aus vollständigen Familien. Letztere bewerten ihre Beziehung zu ihren Eltern auch generell positiver als Kinder von Scheidungspaaren.

Warum beschädigt eine Scheidung die Familienbande – und zwar erstaunlicherweise auch jene zu dem im eigenen Haushalt verbliebenen Elternteil? Hier ist sicher eine Kombination von weniger gemeinsamer Zeit, stärkeren finanziellen Zwängen und daraus resultierenden größeren Stressfaktoren zu nennen. Zudem ist aber eine Scheidung natürlich auch eine öffentliche Erklärung, dass diejenigen Menschen, die einem am nächsten stehen, dies nun nicht mehr in gleicher Weise tun werden. Kinder aus Scheidungshaushalten lernen, dass Familienmitglieder kommen und gehen und familiäre Beziehungen nicht notwendigerweise von Dauer sind. Manche Romantik, die in den letzten Jahren von Medien und auch von Teilen der Sozialwissenschaft um die so genannten ‚Patchwork-Familien' herum verbreitet worden ist, ignoriert diese sehr grundsätzlichen Folgen für die Bindungsfähigkeit der Heranwachsenden. Glücklicherweise gibt es viele Erfolgsstorys liebevoller Stiefväter und treuer Scheidungsgroßmütter; im statistischen Durchschnitt aber zeigen internationale Studien für Stieffamilien nicht die gleiche Qualität der Zuwendung und der lebenslangen emotionalen Bindung wie für Ursprungsfamilien.

Folgeprobleme für die gesundheitliche Situation

Scheidung macht Kinder krank – dies zeigt eine amerikanische Studie ganz handgreiflich: Die Gesundheitsprobleme von Kindern nach einer Scheidung wachsen im Durchschnitt um nicht weniger als 50 Prozent.

Die Gründe dafür sind ganz unterschiedlicher Art. Es beginnt schon bei der Säuglingssterblichkeit, die bei unverheirateten Müttern um die Hälfte höher ist – und zwar auch dann, wenn sie über einen Hochschulabschluss verfügen. Eine skandinavische Studie über den plötzlichen Kindstod (SIDS) zeigt einen erstaunlichen Befund. Die Gefahr eines plötzlichen Kindstodes ist für Babies, die auf dem Bauch schlafen, deutlich höher als für Babies, die auf dem Rücken schlafen. Für Säuglinge verheirateter Frauen, die auf dem Bauch schlafen, ist das Sterberisiko 13mal höher als für Säuglinge verheirateter Frauen, die auf dem Rücken schlafen. Doch für die Babies unverheirateter Frauen, die auf dem Bauch schlafen, ist das Sterberisiko 56mal höher als für dieselbe Vergleichsgruppe. Es ist nicht genau geklärt, warum die Ehe der Mutter den schlafenden Säugling schützt, aber der Effekt ist stark.

Wie genau schützt die Ehe der Eltern die Gesundheit der Kinder? Zunächst ist die Gesundheit der Eltern besser. Verheiratete Eltern sind seltener alkohol- und drogenabhängig. Ihr Einkommen und Vermögen ist höher – und damit auch ihre Ernährung gesünder. Ein anderer wichtiger Grund ist, dass Kinder verheirateter Partner besser betreut sind. Sie fallen seltener Verkehrsunfällen zum Opfer, wobei große und engagierte Verwandtschaftsgruppen nach einer neuseeländischen Studie offenbar die Funktion des abwesenden Elternteiles teilweise übernehmen können.

Fehlende emotionale Stabilität mag ebenfalls die Betreuungsqualität alleinlebender Partner beeinflussen. In jedem Fall addieren sich die Effekte zu erheblichen statistischen Unterschieden, die über die gesamte Lebenszeit der Kinder hinweg Wirkung entfalten. Eine amerikanische Studie, die eigentlich eine Gruppe hochbegabter Kinder (IQ von 135) über ihre Lebenszeit begleiten sollte, produzierte als Nebenergebnis den Befund, dass Kinder alleinerziehender Eltern aus dieser Gruppe eine um vier Jahre niedrigere Lebenserwartung haben als Kinder aus vollständigen Familien. Kinder von Alleinerziehenden haben noch in ihrem fünften Lebensjahrzehnt eine dreifach erhöhte Sterbewahrscheinlichkeit an den wichtigsten Todesursachen gegenüber Kindern aus vollständigen Familien. Eine schwedische Längsschnittstudie zeigt, dass Kinder alleinerziehender Eltern während der sechzehnjährigen Untersuchungszeit eine um ein Drittel höhere Sterbenswahrscheinlichkeit haben als Kinder aus vollständigen Familien. Auch bei Berücksichtigung der schwierigeren ökonomischen Ausgangssituation hatten sie eine um 70 Prozent höhere Wahrscheinlichkeit von Kreislaufproblemen, 56 Prozent mehr psychische Störungen und 27 Prozent mehr chronische Schmerzen und Leiden.

Ein interessanter Unterschied ergibt sich, wenn man unterschiedliche Typen von Scheidung miteinander vergleicht. So hat eine Studie von P. Amato und A. Booth gezeigt, dass eine Scheidung, die nach jahrelangem Streit erfolgt, die psychische Gesundheit von Kindern eventuell sogar leicht verbessern kann. Besonders traumatische Konsequenzen für die Kinder hat dagegen die Trennung der Eltern nach vergleichsweise geringen Streitigkeiten, wie es neuerdings in immer mehr Fällen geschieht. Ehepartner, die sich frühzeitig trennen, um den Kindern lange Streitereien zu ersparen, tun ihnen nach diesen Forschungsergebnissen gerade keinen Gefallen.

Folgen für den weiteren beruflichen Werdegang

Benachteiligungen im Blick auf die finanzielle Versorgung, die Zeit elterlicher Zuwendung, den erhöhten Stress in Haushalten von Alleinerziehenden addieren sich zu ganz erheblichen Unterschieden auch auf dem späteren Lebensweg. Quer durch alle Einkommens- und Bildungsschichten erhalten Kinder aus vollständigen Familien im Durchschnitt eine bessere Ausbildung und haben mehr Erfolg in der Schule. Dies beginnt schon in der Grundschule, wo Kinder von alleinerziehenden Müttern 25 Prozent öfter sitzen bleiben und sogar doppelt so oft der Schule verwiesen werden. Die Hälfte der Kinder aus Scheidungshaushalten zeigen nur eine unterdurchschnittliche Leistung – verglichen mit nur 38 Prozent der Kinder verheirateter Eltern. Beim Schulabschluss der weiterführenden Schulen gibt es ebenfalls deutliche Unterschiede. Hier wirken sich bessere Möglichkeiten der Hausaufgabenhilfe, aber auch des privaten Nachhilfe- und Förderunterrichts aus. Ein stabileres soziales Umfeld in der Nachbarschaft vollständiger Familien unterstützt zudem die Konsequenz und Beharrlichkeit des schulischen Lernens.

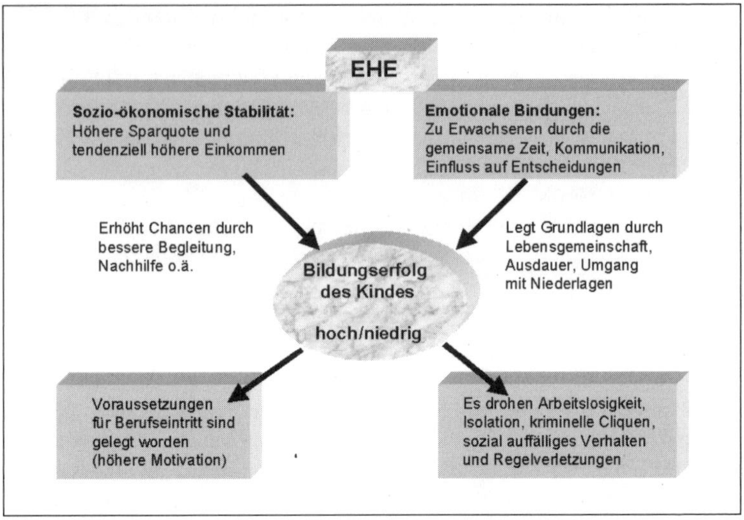

Abbildung 4: Zur Bedeutung der Ehe für den Entwicklungsprozess von Kindern

Jungen, die mit nur einem Elternteil aufgewachsen sind, geraten nicht weniger als doppelt so oft in Konflikt mit dem Gesetz und werden in kriminelle Handlungen der einen oder anderen Art verwickelt. Das gilt auch dann, wenn man Unterschiede im Bildungsstand der Mutter, der Nachbarschaft und der kognitiven Fähigkeiten herausrechnet. Doppelt so viele Jugendliche in Haushalten von Alleinerziehenden oder Stiefeltern berichten davon, schon einmal Drogen konsumiert zu haben. Bei starkem Alkohol- und Zigarettenkonsum ist die Gefahr in Stieffamilien nach einer amerikanischen Studie sogar noch höher als in Haushalten mit einem Erwachsenen, während die Kinder in vollständigen Familien am wenigsten gefährdet sind.

Neben der schlechteren sozioökonomischen Stellung ist zur Begründung vor allem auch die oben skizzierte geringere emotionale Bindung von Jugendlichen an ihre alleinerziehenden Eltern zu nennen, wodurch auch deren erzieherischer Einfluss geringer ist. Die Kinder entwickeln häufiger Einstellungen wie: ‚Die meisten Dinge, die die Leute ‚Kriminalität' nennen, schaden in Wirklichkeit niemandem', oder ‚Es geht schon okay das Gesetz zu umgehen, wenn man dabei nicht erwischt wird'. Die geringere Kontrolle durch alleinerziehende Eltern und der Einfluss von Peergroups aus der Nachbarschaft mit derselben häuslichen Konstellation wirken hier in die gleiche Richtung. Zusammengenommen sind sie entscheidend für die im Durchschnitt wesentlich schlechteren schulischen Leistungen und die höheren Kriminalitätsraten von Jugendlichen aus Haushalten von Alleinerziehenden.

Die öffentliche Diskussion um sexuellen Missbrauch von Kindern und Jugendlichen in der Familie, die mit einer Verschärfung der Gesetzeslage einherging, hat freilich ein wichtiges Detail eher am Rande betont: Das Risiko, in den eigenen vier Wänden Opfer eines sexuellen Übergriffs oder sogar einer Vergewaltigung zu werden, ist für Kinder von Alleinerziehenden erheblich höher als in vollständigen Familien. Es sind im Durchschnitt weit überproportional häufiger Stiefväter und Freunde alleinerziehender Mütter, die zu Tätern werden. Eine kanadische Studie hat sogar eine doppelt so hohe Wahrscheinlichkeit für Stiefvater-Beziehungen aufgewiesen. Die erheblichen Folgen für die spätere emotionale und berufliche Entwicklung der Heranwachsenden ist ein weiterer Diskriminierungsfaktor.

Im Erwachsenenalter setzen sich diese Faktoren in geringeres Einkommen, eine Beschäftigung in weniger angesehenen Berufen und höhere Arbeitslosigkeit hinein fort. Eine Studie der Lebenssituation von Anfang Zwanzigjährigen hat gezeigt, dass Kinder von geschiedenen oder nie verheirateten Eltern in dieser Lebensphase nicht weniger als anderthalb mal so oft ohne Ausbildung und Beruf dastehen und ‚nichts tun' als Kinder von verheirateten Eltern. Dabei waren Unterschiede des sozioökonomischen Status der Eltern schon herausgerechnet. Die Familienverhältnisse zeigten sich dabei als fünfmal stärkerer Einflussfaktor als die intellektuellen Fähigkeiten des jungen Erwachsenen. Die Scheidung der Eltern verschlechtert auch die Chancen der Kinder, selbst eine glückliche Ehe zu führen. Nach der oben genannten Studie von Amato und Booth haben Mädchen aus Scheidungsfamilien mehr als dreimal so oft (zu 17 Prozent) eine Schwangerschaft vor ihrem 18. Geburtstag als Mädchen aus vollständigen Familien (5 Prozent). Sie verlassen dreimal häufiger früh und im Streit ihr Elternhaus und leben doppelt so oft in einer vorehelichen Lebensgemeinschaft. Bei Jungen verdoppelt sich die Wahrscheinlichkeit, vor der eigenen Volljährigkeit Vater zu werden.

Ein Grund dafür ist die wesentlich frühere Aufnahme sexueller Beziehungen von Kindern mit nur einem Elternteil. Nur 11 Prozent der Kinder aus vollständigen Familien machen nach einer amerikanischen Studie schon zwischen 12 und 14 Jahren die ersten sexuellen Erfahrungen, verglichen mit 21 Prozent derjenigen, die mit Mutter und Stiefvater, 23 Prozent mit einer alleinerziehenden Mutter, 27 Prozent mit einem alleinerziehenden Vater und 28 Prozent mit Vater und Stiefmutter zusammenleben. Als ein Grund für diesen Befund wird angenommen, dass Kinder von Alleinerziehenden unmittelbarer miterleben, wie gelegentlich ein Sexualpartner ihres Erziehungsberechtigten im Haushalt übernachtet. Sie können dann nur weniger glaubwürdig von eigenen Kontakten abgehalten werden.

Die Bedeutung der Ehe für die Kinder – eine kontroverse Diskussion

Zwei Gegenargumente werden von Wissenschaftlerinnen und Wissenschaftlern meist gegen die hier dargelegte Bedeutung der elterlichen Ehe für die Entwicklung der Kinder angeführt:

a) was wirklich zähle, sei nicht der Trauschein, sondern die schlechtere finanzielle Situation von Alleinerziehenden;
b) nicht der Trauschein als Stück Papier, sondern die lebendige Beziehung der Eltern zu ihren Kindern zähle.

Doch diese Dinge zu unterscheiden, macht angesichts der sozialen Realität gerade keinen Sinn: Es ist letztlich eine intellektuelle Abstraktion. Denn es ist ja gerade die durch die Ehe dokumentierte stabile Beziehung der Eltern miteinander, die die beiden genannten Faktoren in den meisten Fällen ganz wesentlich befördert – und zwar vermittelt (wie weiter unten dargestellt) über eine höhere Lebenszufriedenheit und eine entspanntere Lebenssituation der Erwachsenen. Anders gesagt: Natürlich lässt sich beispielsweise zwischen einem starken Motor und einer schnellen Fahrt unterscheiden. Ein Auto könnte etwa von einem anderen Fahrzeug schnell gezogen werden. Fraglich ist allerdings, welche analytische Qualität eine solche Unterscheidung in der Wirklichkeit hat. Wenn in der ganz überwiegenden Zahl der Fälle eine Scheidung zur gravierenden Verschlechterung der finanziellen Ausstattung des Haushalts führt, dann lassen sich zwar beide Faktoren begrifflich unterschieden, in der Realität aber kommen sie gerade zusammen.

Die bereits genannte umfangreiche Studie von Amato und Booth hat versucht, auf die zweite o.g. Unterscheidung eine Antwort zu geben. Sie hat anhand einer Grundgesamtheit von über 1000 ehe-basierten Familien versucht, den Effekt schlechter ehelicher und familiärer Beziehungen einerseits und den Effekt einer Scheidung andererseits voneinander zu unterscheiden. Obwohl die schlechten ehelichen Beziehungen das Verhältnis der Kinder zu den Eltern (insbesondere den Vätern) bereits aus sich heraus belasten, so brachte doch eine Scheidung regelmäßig eine weitere erhebliche Distanzierung mit sich. Die Autoren folgerten: ‚Die Beziehungen der Kinder zu den Eltern scheinen im Durchschnitt stärker zu leiden, wenn sie sich scheiden lassen als wenn sie unglücklich verheiratet zusammen bleiben' (Amato/Booth 77 f.).

Für die spätere sozioökonomische Entwicklung von Kindern sind die durch eine Trennung geschaffenen ‚harten' Strukturveränderungen wesentlich folgenreicher als die emotionale Qualität der elterlichen Ehe. In Hinblick auf die Bildungsergebnisse und die beruflichen Chancen von Kindern und Jugendlichen sind die strukturellen Hilfen durch die Ehe – bessere Begleitung durch die Eltern, bessere finanzielle Situation und stabilere Nachbarschaft – wesentlich wichtiger als die emotionale Unterstützung. Auch Kinder aus sehr konfliktreichen Ehen erreichen im Durchschnitt bessere Leistungen als Scheidungskinder.

Zwei niederländische Forscher sind direkt der Frage nachgegangen, ob es Kindern aus Scheidungsfamilien oder Kindern aus unglücklichen Ehen besser gehe. Sie fanden zu ihrer eigenen Überraschung, dass – obwohl sich Kinder aus glücklichen Ehen besser entwickeln als Kinder aus unglücklichen Ehen – Letztere immer noch bessere Chancen haben als Scheidungskinder. Sie mussten sowohl im Hinblick auf psychische Probleme als auch auf die berufliche Entwicklung feststellen: ‚Kindern aus Scheidungsfamilien geht es am schlechtesten, selbst wenn die Scheidung schon zehn Jahre zurück liegt und selbst wenn man den Einfluss der Einkommensunterschiede herausrechnet' (Spruit/de Goede 1997, 911).

Eine Scheidung beseitigt zwar einige Probleme, andere bleiben aber meistens erhalten (wie z.B. der für Kinder besonders zermürbende Streit zwischen den Eltern, der auch nach einer Scheidung – oder gerade verstärkt durch sie – noch weitergeht). Neue Probleme z.B. finanzieller Art kommen hinzu. Alleinerziehende Mütter sind allen diesen Stressfaktoren voll ausgesetzt, während sie gleichzeitig Erziehungsarbeit leisten und den Lebensunterhalt der Familie bestreiten sollen.

Kinder mögen die Scheidung einer sehr konfliktreichen Ehe als Erleichterung empfinden. Die Tendenz geht aber in die Richtung, dass immer öfter auch Ehen geschieden werden, die aus der Sicht der Kinder zumindest noch ‚gut genug' sind. Amato und Booth vermuten in ihrer schon mehrmals genannten Großstudie, dass nur weniger als einem Drittel der dort untersuchten Scheidungen langanhaltende Streitigkeiten vorausgingen. Die Beeinträchtigungen, die eine Scheidung für die Kinder mit sich bringt, sind also nur in einer Minderheit der Fälle durch tiefe Zerwürfnisse verursacht. Eine sinkende Frustrationstoleranz der Erwachsenen, die auch auf veränderte kulturelle Plausibilitäten zurückzuführen ist, zeitigt dann gravierende gesellschaftspolitische Konsequenzen.

Die Hoffnung, in einer neuen Partnerschaft mehr Erfüllung und Glück zu finden, erfüllt sich dabei nach vielen empirischen Ergebnissen nur für eine Minderheit der Geschiedenen. Zudem ist die Zustandsbeschreibung ‚unglückliche Ehe' keineswegs ein stabiler Befund. Als Beziehung zwischen zwei Personen ist eine Ehe vielmehr ein dynamischer Prozess. Linda Waite hat basierend auf dem amerikanischen ‚National Survey of Families and Households' untersucht, wie viele unglückliche Paare, die eine Scheidung vermeiden und zusammenbleiben, ihre Ehe 5 Jahre später als glücklicher beschreiben. Es waren schockierende 86 Prozent und die meisten von ihnen bezeichneten sich gar als ‚sehr glücklich'. Drei Fünftel derer, die ihre Ehe in den späten 80er-Jahren als unglücklich bezeichneten und trotzdem (u.a. der Kinder wegen) zusammen blieben, bezeichneten dieselbe Ehe als ‚sehr glücklich' oder doch ‚ziemlich glücklich', als sie in den 90er-Jahren erneut befragt wurden. Erstaunlicherweise waren es dabei besonders die sehr unglücklichen Paare, die sich zwanzig Jahre später zufrieden zeigten. Sie hatten ihre Ehequalität auf einer Skala von 1 bis 7 nur mit 1 bewertet. Anhaltende eheliche Unzufriedenheit ist dagegen unter den Paaren, die zusammenbleiben, erstaunlich gering. Viele bezeichnen sich schon 5 Jahre später als sehr viel glücklicher. Eheliche Zufriedenheit ist keine Schicksalsmacht, die sich einstellt oder nicht, sondern ein Faktor, der z.B. durch die Steigerung der kommunikativen Kompetenz der Partner und ein sensibleres Aufeinander-Eingehen positiv beeinflusst werden kann. Die Praxis der Eheberatung, wie sie in der Bundesrepublik täglich tausendfach mit großem Erfolg angewandt wird, kann viele positive Beispiele dafür nennen. Das heißt natürlich nicht, dass Zeit alle (Ehe-)Wunden heilt und jede Ehe gerettet werden könnte, wenn die Partner nur durch alle Schwierigkeiten hindurch zusammenblieben. Angesichts der hohen Kosten einer Scheidung im Sinne der beträchtlichen und komplexen Nachteile für betroffene Kinder und Erwachsene sollten aber allzu scheidungsoptimistische gesellschaftspolitische Orientierungen der vergangenen Jahrzehnte überdacht werden.

Fazit

Erziehen Eltern ihre Kinder gemeinsam in einer Ehe, dann erhöhen sie dadurch die Lebenschancen ihrer Kinder auf vielfältige Weise. Eine eheliche Lebensgemeinschaft bietet mit großer Wahrscheinlichkeit eine vorteilhafte sozioökonomische Situation und immer noch mit beträchtlicher Wahrscheinlichkeit eine bessere psychische und emotionale Entwicklung von Kindern. Statistische Wahrscheinlichkeit sagt noch nichts über den Einzelfall aus – und mancher Nichtraucher stirbt früher als sein rauchender Zeitgenosse. Aber aus gesellschaftspolitischer Sicht gibt es allen Grund, die Geburt von Kindern in einer Ehe und das Zusammenbleiben von Eltern als Ehepartner auch über Krisenzeiten hinweg zu fördern.

Wer die Lebenssituation von Kindern verbessern will, der sollte einen Faktor stärken, der dies auf vielfältige Weise zu bewirken vermag: die durch eine Ehe stabilisierte Beziehung jener Menschen, die für sie Verantwortung übernommen haben. Nicht eine ‚Förderung der Ehe auf Kosten der Familie' ist das gesellschaftspolitische Problem unseres Landes, sondern das mangelnde Bewusstsein der komplexen Vorteile, die eine eheliche Verbindung der Eltern für die gesunde Entwicklung von Kindern bedeutet. Doch ein gesellschaftlicher Stützpfeiler ‚Schutz der Ehe', dessen Funktion nicht mehr verstanden wird, zerfällt, und zwar auch dann, wenn er im Grundgesetz verankert ist. Die Zukunft der gesellschaftspolitischen Institution Ehe ist im Deutschland des beginnenden 21. Jahrhunderts so offen wie nie zuvor. Offen sind auch die Folgen dieses Erosionsprozesses für jene Kinder, die in immer größerer Zahl außerehelich aufwachsen. Angesichts der skizzierten empirischen Befunde spricht vieles dafür, dass es keine positiven Folgen sein werden.

Erfolgsmodell kinderlose Ehe – Chancen für die Partner

Nutzenaspekte einer Liebesbeziehung? Eine ungewöhnliche Perspektive

In einem ersten Schritt haben wir versucht zu begründen, warum die Ehe als gesellschaftspolitische Institution legitimerweise gemäß Artikel 6 Grundgesetz den besonderen Schutz der staatlichen Ordnung beanspruchen kann. Dabei haben wir uns zunächst an die herrschende Tendenz angelehnt, den Schutz der Ehe von ihrer Funktion für die Familie her zu begründen. Die eheliche Partnerschaft der Eltern bietet ein stabiles soziales Umfeld für das Aufwachsen von Kindern, das diesen vielfältige Chancen und Potenziale eröffnet.

Selbst dieser familienbezogene Teil der Argumentation ist in der Öffentlichkeit immer seltener präsent. Ingesamt gesehen ist er aber noch immer schnell plausibel zu machen und leicht anschlussfähig an unsere vorherrschende Grundbefindlichkeit. So hat etwa F.-X. Kaufmann auf die wachsende Bedeutung des Normenkomplexes ‚Verantwortete Elternschaft' in unserer Gesellschaft hingewiesen. Kinder schädigendes Verhalten wird immer weniger toleriert, während gleichzeitig die Toleranzschwelle gegenüber einer Scheidung gesunken ist. Vergleichsweise weniger plausibel erscheint also die Behauptung, die – aus welchen Gründen auch immer – kinderlose Ehe genieße ebenfalls zu Recht den besonderen Schutz staatlichen Handelns. Die rechtlich-institutionelle Form, die zwei erwachsene Menschen ihrer Partnerschaft geben – ob sie getrennt oder zusammenleben, in häuslicher, sexueller oder gar ehelicher Gemeinschaft – erscheint heute ausschließlich als ihre Privatsache, die das gesellschaftliche Umfeld und den Staat überhaupt nichts anzugehen hat.

Wie der historische Durchgang gezeigt hat, steht unser Eheverständnis damit unter dem beherrschenden kulturellen Einfluss von Humanismus und Romantik, die seit dem frühen 19. Jahrhundert unsere Plausibilitäten prägen. Das romantische Ehe-Ideal ist vor allem dadurch gekennzeichnet, dass es die Ehe als Institution jeder gesellschaftlichen oder wirtschaftlichen Instrumentalisierung und Verzwecklichung entzieht und die

Ehe exklusiv als Liebespartnerschaft zweier ‚nur füreinander bestimmter Menschen' versteht. Es erscheint als konsequente Fortsetzung dieser Tendenz, wenn neuerdings der Ruf nach einer Neutralität des Gesetzgebers gegenüber alternativen Lebensformen seiner Bürgerinnen und Bürger immer lauter wird und den besonderen Schutz der Ehe im Sinne von Artikel 6 Grundgesetz zunehmend in Frage stellt.

Doch eine solche vorherrschende Perspektive, die Ehe und Familie in romantischer Tradition zum emotionalen Binnenraum, zum stillen Hafen im Meer des harten Konkurrenzkampfes der Industriegesellschaft zu stilisieren versucht, verliert doch wichtige Bezüge aus dem Blick. Die Partner selber mögen in einer Art Binnen- oder Teilnehmerperspektive funktionale Bezüge bewusst aus ihrem Zusammensein ausblenden und ihre Partnerschaft als ‚Zweck an sich selbst' verstehen. Die Gesellschaftspolitik aber muss einen anderen Blickwinkel einnehmen. Sie muss in einer Systemperspektive Ehe und Familie in ihren vielfältigen Zusammenhängen und Funktionen innerhalb der modernen Gesellschaft sehen. Denn nur von ihren Funktionen her wird der Wert der gesellschaftlichen Institution Ehe auch im modernen Kontext verstehbar. Nur so lässt sich ihr Schutz durch die staatliche Ordnung überhaupt begründen.

Eine funktionale Außenwahrnehmung steht immer in einer gewissen Spannung zur Binnenkultur und Selbstwahrnehmung einer Gemeinschaft. So verstehen sich etwa Parteien intern als Wertegemeinschaften zur Durchsetzung bestimmter politischer Überzeugungen. Aus der Systemperspektive dienen sie der Bündelung und Artikulation von Meinungen sowie der Vermittlung zwischen Bürgern und staatlichen Institutionen. Die rechtliche Stellung der Parteien als Institutionen des Grundgesetzes lässt sich nur aus ihren gesellschaftlichen Funktionen, nicht aber aus ihren politischen Überzeugungen ableiten. Kirchen verstehen sich als durch göttliches Handeln ins Leben gerufene Kult- und Lebensgemeinschaften. Aus der Außenperspektive lassen sie sich eher als Träger regionalen Kulturlebens, als Wohltätigkeits- und Sozialagenturen, als komplexe Netzwerke der Selbsthilfe beschreiben. Der Status der Kirchen als Körperschaften des öffentlichen Rechts leitet sich aus ihren letztgenannten gesellschaftlichen Funktionen, nicht aber aus ihrem religiös-theologischen Wahrheitsanspruch ab. Und selbst Unternehmen lassen sich in einer Binnenperspektive nicht einfach als Instrumente der Profitmaximierung ihrer Eigentümer oder als Institutionen zur optimalen Versorgung einer

Volkswirtschaft mit Gütern und Dienstleistungen legitimieren. Auch sie haben eine ‚Unternehmenskultur' mit bestimmten, klar ausgewiesenen Unternehmenswerten und Kommunikationsstandards entwickelt, die (im günstigen Fall eines gut geführten Unternehmens) die alltägliche Zusammenarbeit und das Zusammenleben der Mitarbeiter beseelt und Orientierung gibt. Die rechtliche Struktur des Unternehmens leitet sich aber eher aus ihrer gesamtwirtschaftlichen Funktion als aus ihrer Binnenkultur ab.

Die folgenden Überlegungen beziehen sich also nicht auf die Binnenperspektive von Verheirateten. Diesen sind die Vorteile ihres Zusammenlebens vielleicht noch irgendwo bewusst, sie sind aber (im Gegensatz etwa zur vormodernen Familie) gerade nicht mehr begründend für ihre Lebenspartnerschaft. Aus gesellschaftspolitischer Sicht – also zur Begründung der rechtlichen Institution Ehe – kommt es aber gerade auf diese Vorteile und die darin begründeten positiven Auswirkungen auf das gesellschaftliche Umfeld an. Sie sollen im Folgenden ausführlich dargelegt werden. Dabei gehen wir bewusst über das bisher gesagte – also die Bedeutung der Ehe für die Familie und die Lebenssituation von Kindern – hinaus und fragen, inwiefern auch die kinderlose Ehe vorteilhaft für die Gesellschaft sein kann.

Monogamie als Monotonie? Sexuelle Befriedigung in der Ehe

Die Ehe mag viele Vorteile für die Beteiligten haben. Eines aber gilt als ausgemacht: In sexueller Hinsicht erscheint sie vielen gerade jungen Leuten als Anfang vom Ende, als Abschied vom wilden Leben und Einstieg in die Langeweile der reizlosen Routine. Aus Spielfilmen und Büchern ist sie bekannt: Die Muffigkeit des Eheschlafzimmers, das unerotische Nebeneinander des schnarchenden Partners, der sich gehen lässt und wieder einmal nur müde ist. Familiarität und Leidenschaft – sie scheinen einander gegensätzlichen kulturellen Sphären anzugehören. Gewöhnung gebiert Langeweile und Abnutzung. Nicht nur äußerlich sind Monogamie und Monotonie ähnliche Worte.

Entspricht diese landläufige kulturelle Einschätzung den Tatsachen? Zwei große amerikanische Studien vom Beginn der 90er-Jahre haben hier etwas anderes zu Tage gefördert. Verheiratete Sexualpartner haben nicht nur öfter Geschlechtsverkehr als ihre unverheirateten Zeitgenossen. Sie genießen das Zusammensein auch mehr und zwar sowohl emotional als auch physisch. Nur unverheiratet Zusammenlebende (meist jüngere Menschen, die erst kurze Zeit zusammenleben) haben öfter Geschlechtsverkehr als verheiratete, doch sie können ihn meist nicht so genießen. Der Amerikanische ‚National Sex Survey', der 1992 nahezu 3500 Erwachsene erreicht hat, ergab, dass 43 Prozent der verheirateten Männer und 39 Prozent der verheirateten Frauen zwei bis dreimal pro Woche Sex mit ihrem Partner hatten, verglichen mit 26 Prozent der allein lebenden Männer bzw. 20 Prozent der Single-Frauen, die nicht mit einem Lebenspartner in fester Wohngemeinschaft zusammenlebten.

Auf der anderen Seite des Spektrums ist das ‚Risiko' der vollständigen sexuellen Abstinenz – also einer Art unfreiwilligen Zölibats – für Singles wesentlich höher als für verheiratete Männer und Frauen. Bei unverheirateten Männern steigt die Wahrscheinlichkeit, dauerhaft keinen Geschlechtspartner zu finden, dramatisch an – und zwar um das 20fache. Während der Befragungen in den USA waren es 20-25 Prozent der befragten Singles, die im letzten Jahr keinen Sexualverkehr gehabt hatten – im Vergleich zu lediglich einem Prozent der verheirateten Männer. Bei unverheirateten Frauen ist der Unterschied sogar noch größer: Hier hatten 30 Prozent der nie verheirateten Frauen und 34 Prozent der Geschiedenen oder Witwen im Jahr vor der Befragung keinen Sex gehabt, während dies nur 3 Prozent der Ehefrauen berichteten.

Wie ist dieser überraschende Befund zu erklären? Zunächst aus einem recht banalen Zusammenhang heraus – nämlich der ‚Logistik'. Denn trotz allem gilt nach wie vor: Wer Sex haben will, der braucht dazu einen Partner. Dieser findet sich zwar in Zeiten gewachsener Freizügigkeit schneller als in der Generation unserer Eltern und Großeltern. Doch auch heute noch stellt die Partnersuche eine prinzipiell zeitraubende und ‚kostspielige' Angelegenheit dar. Sie beginnt bei Investitionen in ein attraktives Äußeres, umfasst Ausgaben für Kleidung und Statussymbole, Eintrittsgelder für Diskotheken, Kinos und Nachtklubs, Rechnungen in Restaurants. Alles das muss zusätzlich zu den Routinen des Arbeitslebens geleistet werden, denn die ‚Mühen des Alltags' spielen auf dem ‚Markt der Sexpartner' keine Rolle. Die Bar-Bekanntschaft interessiert es nicht, dass vielleicht ein anstrengender Arbeitstag hinter einem liegt. Sie interessiert sich nicht für den Ärger mit dem Chef – sie will immer wieder neu errungen und erobert werden: manchmal eine Leichtigkeit, manchmal aber auch ein mühsames und frustrierendes Geschäft (mit fortschreitendem Alter naturgemäß immer öfter letzteres). Und selbst der feste Partner mit eigener Wohnung ist nicht so leicht zu gewinnen. Auch dort muss man erst hinfahren, den richtigen Augenblick erwischen und die rechte Atmosphäre schaffen – und wenn eines davon nicht gelingt auch unverrichteter Dinge wieder nach Hause zurückkehren. Auch Frauen finden nicht so leicht einen Partner, der gefällt und ungebunden ist. Manches hoffnungsvolle ‚dating' erweist sich als verschwendete Energie.

Für Verheiratete stellen alle diese Mühen der Partnersuche zunächst kein Problem mehr dar. Sie sind bereits Vergangenheit. Denn es sind ‚Investitionen' getätigt worden, als deren Resultat man nun weiß, wohin man sich wenden kann. Der Weg zu einem Geschlechtspartner ist dann nicht mehr länger als der Weg ins Nachbarbett. Familiarität ist in dieser wenig spektakulären, aber sehr handfesten Perspektive kein Lusttötungs-, sondern ein Lusterleichterungsmechanismus. Denn auch Erotik und Sexualität findet nicht im 7. Himmel der Liebe, sondern im höchst irdischen Alltag, in Zeit und Raum statt. Sie sind damit den Bedingungen irdischer Knappheit unterworfen und werfen ‚Kosten' auf. Verheiratete haben deshalb im Durchschnitt öfter Geschlechtsverkehr, weil der Weg zu einem geeigneten Partner kürzer ist, darüber hinaus gemeinsames Essen und Trinken Teil des Alltags und gemeinsame Abende mit erotischer Kultur leichter zu organisieren sind.

Wechselseitige Sicherheit als Voraussetzung erfüllter Sexualität

Logistische Vorteile gegenüber Singles weisen natürlich auch unverheiratet zusammenlebende Paare auf. Und in der Tat übertreffen sie nach den genannten Studien die Ehepaare in Sachen sexueller Aktivität. Die Rolle, die die Sexualität in der Gemeinschaft von unverheirateten Paaren spielt, ist generell größer als in der Ehe. Ehepartner ohne Sex haben ein Problem, unverheiratet Zusammenlebende ohne Sex aber sind lediglich Mitbewohner. Dabei spielt vor allem die zeitliche Länge der Lebensgemeinschaft eine Rolle. Bei größerer Dauer gleichen sich die Werte für verheiratete und ohne Trauschein zusammenlebende Paare an.

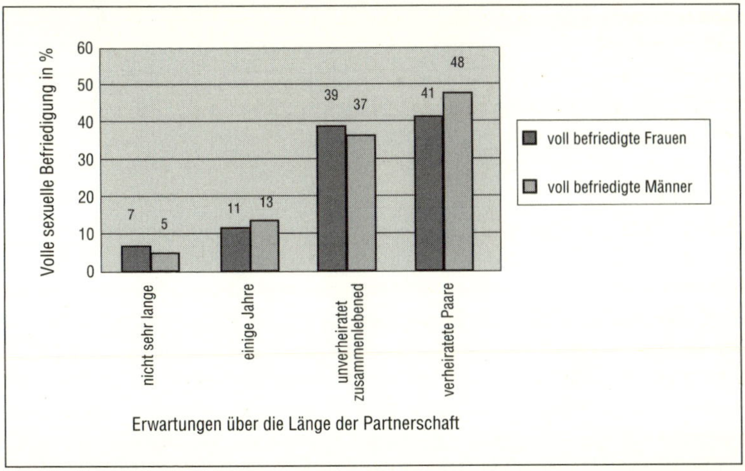

Abbildung 5: Zusammenhang zwischen sexueller Befriedigung und erwarteter Länge der Partnerschaft

Anders stellen sich die Verhältnisse dar, wenn man nicht nur die Quantität, sondern auch die Qualität sexueller Begegnungen mit berücksichtigt. Denn dann zeigt sich die überragende Bedeutung der Ehe für ein befriedigendes Sexualleben noch deutlicher. In den genannten amerikanischen Studien empfanden 42 Prozent der verheirateten Frauen ihr Sexualleben als emotional und physisch befriedigend, doch nur 31 Prozent der unverheirateten Frauen trafen diese Aussage. Eine Scheidung scheint dagegen die Qualität des Sexuallebens von Frauen – entgegen der landläufigen Meinung – nicht durchgreifend zu verbessern. Denn nur 27 Prozent der vormals verheirateten Frauen mit (neuem) Partner schätzten ihr Sexualleben als emotional befriedigend ein und nur 36 Prozent als physisch befriedigend. Verheiratete Frauen haben damit im Durchschnitt doppelt so häufig wie geschiedene oder nie verheiratete Frauen ein Sexualleben, das sie emotional voll befriedigt. 40 Prozent der Ehefrauen erfahren von ihrem Partner volle emotionale Befriedigung, verglichen mit 25 Prozent der nie verheirateten und nur 20 Prozent der geschiedenen Frauen.

Auch im Vergleich mit unverheiratet zusammenlebenden Paaren schneiden Ehepartner bezüglich der Befriedigung, die sie in ihrem Sexualleben finden, besser ab. Denn verheiratete Männer finden zu 48 Prozent in ihrer

Partnerschaft volle emotionale Befriedigung gegenüber 37 Prozent der unverheirateten Lebenspartner. Volle physische Befriedigung finden nach eigener Aussage sogar 50 Prozent der Ehemänner gegenüber 39 Prozent der Zusammenlebenden – bei den Frauen ist dieses Verhältnis 42 zu 39.

Bei diesen subjektiven Befindlichkeiten mögen auch unterschiedliche Anspruchsniveaus verheirateter und unverheiratet zusammenlebender Paare eine Rolle spielen. Unverheiratete Paare mögen höhere Erwartungen an ‚volle Befriedigung' stellen und auch deshalb in der Realität öfter hinter ihren Erwartungen zurückbleiben. Befriedigung ist nun einmal eine subjektive Größe und hat auch etwas mit der allgemeinen Lebenszufriedenheit zu tun, die bei verheirateten Paaren im Durchschnitt ebenfalls höher ist. Wenn sich in einer Ehe die Rolle der Sexualität insgesamt relativiert, dann wird das, was Mann und Frau sich in der Alltagsrealität zu geben haben eher als voll befriedigend empfunden, als wenn sie die erste und wichtigste Dimension der Partnerschaft darstellt.

Ein wesentlicher Grund für die höhere sexuelle Befriedigung ist die höhere wechselseitige Verbindlichkeit in der Ehe. Dies gilt für Frauen aus biologischen Gründen stärker als für Männer. Die weibliche Sexualität ist auf das Austragen eigener Kinder ausgerichtet. Evolutionsbiologisch haben also jene Frauen Vorteile, die nur mit ‚treuen' Männern Sex haben und Kinder zeugen. Bei Frauen ist daher der Zusammenhang zwischen voller emotionaler und physischer Befriedigung und einer festen Bindung regelmäßig stärker ausgeprägt. Doch bei beiden Geschlechtern zeigt sich, dass Eheleute sexuelle Beziehungen mit Fremden (natürlich in getrennten Interviews!) als weniger attraktiv (27 Prozent der verheirateten Männer und 9 Prozent der verheirateten Frauen) empfinden als unverheiratet Zusammenlebende (41/11) und Singles (40/9). Beachtlich ist der Zusammenhang zwischen Erwartungen in die Dauer der Partnerschaft einerseits und voller emotionaler Befriedigung beim Sex andererseits. Hier lässt sich sowohl für Männer als auch für Frauen eine positive Korrelation feststellen, wobei nur wenige Single-Frauen tiefe emotionale Befriedigung in ihrer Beziehung fanden.

Alleinstehende Frauen in kontinuierlichen geschlechtlichen Beziehungen haben also im Durchschnitt höhere Erwartungen an die ‚Lebensdauer' ihrer Partnerschaft als ihre männlichen Partner. Doch auch Männer empfinden in instabilen Partnerschaften wesentlich weniger sexuelle Befriedigung. 25 Prozent bekunden eine teilweise oder sehr unbefriedigende Beziehung verglichen mit nur 15 Prozent in langfristigen Partnerschaften. Interessant sind in diesem Zusammenhang auch die unterschiedlichen Erwartungen bei Männern und Frauen in geschlechtlichen Beziehungen, die die amerikanischen Untersuchungen dokumentierten.

Bei der Erklärung dieser und anderer Befunde, die regelmäßig auf einen Zusammenhang von Verbindlichkeit der Beziehung einerseits und sexueller Befriedigung andererseits hindeuten, spielen verschiedene Gründe eine Rolle. Zunächst münden sexuell ‚stimmige' Partnerschaften auch schneller in eine Ehe. Doch umgekehrt stellt es eine romantische Vereinfachung dar, sexuelle Befriedigung lediglich als das Ergebnis eines glücklichen ‚matchings', also des zufälligen Übereinstimmens sexueller Vorlieben, zu erklären. Vielmehr ist sie auch Ergebnis bewussten Bemühens um eine bessere Kenntnis und Berücksichtigung der Vorlieben des Partners. Ehepartner, die sich exklusiv aneinander gebunden haben, werden eher Zeit und Energie in die – auch sexuelle – Bereicherung ihrer Beziehung investieren. Denn sie können hoffen, ein ganzes Leben lang von den Erträgen zu profitieren.

Nun ist die sexuelle Befriedigung von Ehepartnern zwar erfreulich, aber kaum von gesellschaftlichem Interesse. Allerdings zeigt sie bereits die grundsätzliche Logik auf, die das Zusammenleben von Ehepartnern bestimmt. Es ist die wechselseitige Verbindlichkeit, wie sie durch den öffentlichen Eheschluss dokumentiert ist, die den institutionellen Rahmen für das Zusammenwachsen der Partner gibt. Zusammenwachsen und Vertrautheit, die mit steigender Lebensqualität einhergehen, fallen aber nicht vom Himmel, sondern sind das Resultat eines bewusst darauf hin geführten und gestalteten Prozesses gemeinsamen Lebens. Diese Logik zeigt sich auch in den im folgenden betrachteten Aspekten: der gesundheitlichen Entwicklung von Partnern.

Zur gesundheitlichen Situation von Verheirateten

Die gesundheitlichen Wirkungen ehelicher Partnerschaft sind heute durch eine Vielzahl von Studien im In- und Ausland intensiv belegt. Sie können als ebenso gesichert gelten wie die Gefährlichkeit des Rauchens. Allerdings werden sie weniger propagiert und haben sich in der Öffentlichkeit kaum in derselben Weise herumgesprochen. Von der Eindeutigkeit der Befunde her aber könnte sich an jeder Kanzlei eines Scheidungsanwalts ein Aufdruck des Bundesfamilienministeriums finden: ‚Vorsicht – Ehelosigkeit und Scheidung gefährden Ihre Gesundheit!'

Wie groß sind die Unterschiede der Gesundheit Verheirateter gegenüber Unverheirateten wirklich? Sie lassen sich zunächst in einer längeren Lebenserwartung festmachen. Diese umfasst interessanterweise selbst Erkrankungen wie etwa Lungenentzündung und viele Arten von Krebs. Am stärksten sind die Unterschiede der Sterblichkeit in Folge von verhaltensinduzierten Todesursachen, wie etwa Verkehrsunfälle, Suizid, Leberzirrhose, Herzinfarkt oder Schlaganfall. Für unverheiratete Männer ist insbesondere die Wahrscheinlichkeit, zwischen dem fünfunddreißigsten und vierundvierzigsten Lebensjahr vorzeitig zu sterben, deutlich höher. In dieser Personengruppe erhöht das Bestehen einer Ehe die statistische Lebenserwartung um nicht weniger als 10 Jahre. Die Ehelosigkeit verkürzt die statistische Lebenserwartung einer Frau stärker als das Leben in Armut. Zwei amerikanische Statistiker, die eine Reihe von gesundheitlichen Risikofaktoren zusammengetragen haben, folgern lapidar: „Unverheiratet zu sein ist eines der größten Risiken, dem sich Menschen freiwillig unterwerfen".

Die hier wiedergegebenen Ergebnisse entstammen überwiegend amerikanischen Studien, doch sie werden durch ähnliche Befunde in vielen entwickelten Ländern – wie Japan, die Niederlande und Deutschland – bestätigt. Überall haben Männer, die allein leben, geschieden oder verwitwet sind, nur eine ungefähr halb so hohe Lebenserwartung wie verheiratete Männer. Die Lebenserwartung verheirateter Frauen ist ungefähr anderthalbmal so hoch wie die Lebenserwartung ihrer unverheirateten Altersgenossinnen. Und entgegen dem wachsenden Ansehensverlust der Ehe in vielen Ländern nimmt diese Differenz – nach einer internationalen Studie aus dem Jahr 1990 – eher zu als ab.

Besonders auffällig sind die Überlebensraten lebensgefährlicher Erkrankungen. So nimmt die Wahrscheinlichkeit, eine Krebserkrankung zu überleben, mit wachsendem Lebensalter kontinuierlich ab. Das Bestehen einer Ehe erhöht nun die Überlebenswahrscheinlichkeit um dieselbe Differenz, die 10 Jahre Altersunterschied mit sich bringen würden. Nicht nur bei ambulant behandelbaren Erkrankungen, sondern auch als Patienten,

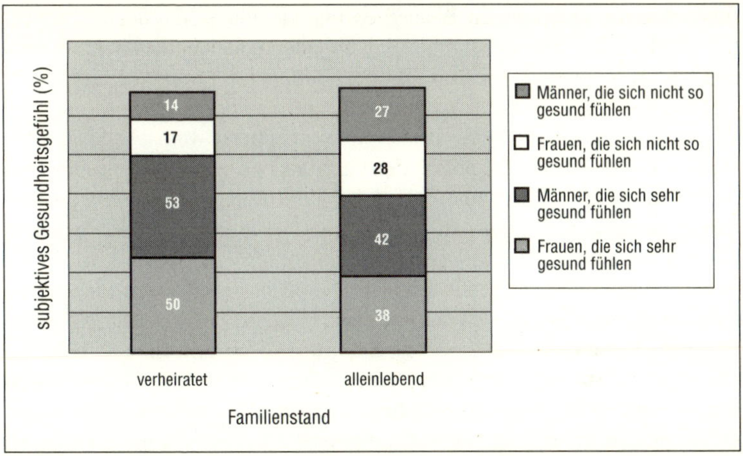

Abbildung 6: Zusammenhang zwischen Gesundheit und Familienstand

die einen längeren Krankenhausaufenthalt benötigen, haben Verheiratete Vorteile. Jeder, der den alltäglichen Klinikbetrieb kennt, weiß, dass die interessierte Nachfrage eines Ehepartners sehr wohl einen Unterschied in Bezug auf die Behandlungsqualität machen kann. Der Wunsch, bald wieder beim Partner sein zu können, beschleunigt in vielen Fällen die Rekonvaleszenz und bedingt, dass Verheiratete kürzere Aufenthalte im Krankenhaus haben. Schließlich ist auch das Risiko, in ein Pflegeheim eingewiesen zu werden, für verheiratete Personen zweieinhalb Mal geringer als für Ledige.

Verheiratete fühlen sich gesünder und sind es auch

Wichtige Indikatoren für die eigene Gesundheit sind die Selbsteinschätzung und das individuelle Gesundheitsempfinden, die bei Befragungen geäußert werden. Erwachsene haben offenbar ein tiefes intuitives Verständnis für die Funktionsweise ihres Körpers, wobei unklar ist, inwiefern hier körperliche Zustände richtig ‚erfühlt' werden oder ein hohes Gesundheitsempfinden zur gesundheitlichen Stabilität beiträgt. Jedenfalls fühlen sich verheiratete Männer und Frauen wesentlich gesünder als ihre geschiedenen, getrennt lebenden oder verwitweten Zeitgenossen. Dies gilt auch im ‚risikoreichen' Lebensabschnitt am Ende des aktiven

Berufslebens. So zeigt eine Befragung älterer Männer und Frauen deutliche Unterschiede in der Qualität des subjektiven Gesundheitsempfindens zwischen Verheirateten und allein Lebenden.

Im europäischen Kontext kam eine umfangreiche norwegische Studie mit mehr als 100 000 untersuchten Personen zu den gleichen Ergebnissen. Sie erbrachte für Männer und Frauen bei Verheirateten das größte subjektive Wohlbefinden. Dagegen hatten die Geschiedenen oder getrennt lebenden Paare große Vorteile gegenüber Singles.

Eine Längsschnittstudie von Lillard/Waite hat seit 1968 an einer Grundgesamtheit von 6000 Familien den Zusammenhang zwischen dem Bestehen einer Ehe und der Sterblichkeit untersucht – mit frappierenden Ergebnissen. Obwohl die Autorinnen andere gesundheitsrelevante Ergebnisse und die Phasen des Heiratsverhaltens statistisch berücksichtigten, konnten sie erstaunliche Unterschiede zwischen Verheirateten einerseits sowie Unverheirateten, Geschiedenen oder Verwitweten andererseits aufzeigen. Neun von zehn 1968 verheirateten 48-jährigen Männern erlebten 1985 noch ihr 65. Lebensjahr. Bei den Unverheirateten waren es lediglich 6 von 10, wobei Witwer und Geschiedene kaum einen Vorteil gegenüber den Junggesellen aufzuweisen hatten. Für die verheirateten Frauen ergab sich ein ähnlicher, aber geringerer Vorteil. Bei ihnen war das Verhältnis von verheirateten zu unverheirateten Überlebenden lediglich 9 zu 8, wobei der Tod des Mannes keinen Unterschied mit sich brachte, Witwen also gegenüber Ehefrauen nicht benachteiligt waren.

Befunde wie diese werfen die Frage auf, ob wir es hier mit einer Art ‚Magie des Trauscheins' zu tun haben. Wie ist es möglich, dass der ‚Gesundheitsschutz' der Institution Ehe bei Frauen anhält, bei Männern aber mit der Scheidung oder dem Tod der Partnerin wieder verloren geht?

Hier stellt sich die bei der Bewertung statistischer Befunde immer wichtige Frage, wer zuerst war – die Henne oder das Ei. Vielleicht ist es nicht die Ehe, die einen gesundheitlichen Schutz ausübt, sondern der Zusammenhang zwischen Ehestand und höherer Lebenserwartung ist vielmehr Ausdruck des Umstands, dass gesundheitlich stabilere Partner eher geheiratet werden? Vielleicht liegt der Zusammenhang zwischen Scheidung und geringerer Lebenserwartung darin begründet, dass gesundheitlich angeschlagenen Männern eben ihre Frauen weglaufen und der einsame Tod dann auf dem Fuß folgt? Oder dass Männer, die gesundheitsgefährdende Verhaltensweisen wie etwa erhöhten Alkoholkonsum auch nach der Hochzeit nicht ablegen, von ihren Frauen verlassen werden und dann den Folgen erliegen?

Solche Selektionseffekte spielen sicherlich eine gewisse Rolle. Doch selbst wenn man die ursprüngliche Gesundheitssituation in die Betrachtung mit einbezieht, so bleibt doch der Befund einer höheren Lebenserwartung für Verheiratete stabil. Es ist keineswegs so, dass – wie die Selektionsthese annimmt – Menschen mit einer instabilen Gesundheit öfter unverheiratet sind. Männer mit schlechter Gesundheit heiraten sogar im Durchschnitt schneller. Auch Kranke, die verheiratet sind, leben länger als ihre unverheirateten Zeitgenossen mit denselben gesundheitlichen Risiken.

Männer: Das Ende des ‚wilden Lebens'

Der wichtigste Faktor für die genannten Befunde ist ein verändertes Gesundheitsverhalten, das in der Regel mit der Ehe verbunden ist. Verheiratete Männer zeigen wesentlich seltener selbstzerstörerisches Verhalten. Dies wird etwa am Extremfall des Suizids deutlich. Unverheiratete Männer nehmen sich doppelt so oft und Geschiedene sogar dreimal so häufig das Leben wie Ehemänner. Ältere Witwer haben ungefähr die gleiche Suizidwahrscheinlichkeit wie Geschiedene, jüngere Witwer (unter 45) nehmen sich sogar neunmal häufiger das Leben als Verheiratete. In seiner klassischen Studie über den Selbstmord hat Emile Durkheim, einer der Väter der modernen Soziologie, gezeigt, dass es für die Bereitschaft, sich das Leben zu nehmen, offenbar entscheidend ist, wie gut man in die Gesellschaft integriert ist. Die Zugehörigkeit zu einer Gemeinschaft entscheidet darüber, ob man sich den Schwierigkeiten und Herausforderungen des Lebens zu stellen bereit ist. Das Leben in Ehe und Familie vermittelt – stärker als alle anderen Mitgliedschaften – dieses Gefühl der Zugehörigkeit des Liebens und Geliebtwerdens, der unersetzbaren eigenen Bedeutsamkeit für das Lebensglück des geliebten Partners. Es ist die Gewissheit der eigenen Bedeutung für andere Menschen wie auch die Sicherheit, die die sorgende Gegenwart dieser anderen Menschen gibt, welche Lebenskraft, Lebensmut und vor allem auch Lebenssinn verleiht. Gerade zu dieser Erfahrung aber verhilft die Ehe in herausragender Weise.

Andere Formen selbstzerstörerischen Verhaltens unverheirateter Männer sind weniger spektakulär, aber über längere Jahre nicht weniger folgenreich. So trinken verheiratete Männer jeder Altersgruppe nur etwa halb so viel Alkohol wie ihre unverheirateten Altersgenossen. Jeder vierte unverheiratete Mann bekannte in einer Befragung im Jahr 1990, dass unkontrollierter Alkoholkonsum für ihn zu Folgeproblemen am Arbeitsplatz oder zu Schlägereien geführt hatte, während nur jeder siebte verheiratete Mann dies eingestehen musste. Alleinstehende Männer rauchen häufiger, fahren zu schnell oder in alkoholisiertem Zustand Auto, sind in handgreifliche Streitereien verwickelt etc. Starker Alkoholkonsum ist bei vielen dieser Probleme ein zusätzlicher Risikofaktor.

Deutlich ist, dass Männer nach einer Heirat ihr Risikoverhalten anpassen und z.B. ihren Alkoholkonsum stark reduzieren. Dabei lassen sich bestimmte Phasen beobachten. So steigt der Konsum von Alkohol, Nikotin und anderen Drogen mit dem Auszug aus dem Elternhaus stark an und sinkt erst wieder, wenn der junge Mann eine eigene Familie gründet. Nach dem Verlust der Ehefrau – sei es durch die Scheidung oder den Tod – kehren Männer wieder zu ihren Junggesellengewohnheiten zurück: Sie rauchen und trinken mehr, als sie es als Ehemänner getan haben.

Ein anderer wichtiger Einflussfaktor auf das Gesundheitsverhalten von Männern ist die ‚Einrede' ihrer Frauen. Denn Ehefrauen kontrollieren das Gesundheitsverhalten aller Familienmitglieder. Sie protestieren gegen überhöhten Alkohol- und Nikotinkonsum oder zu hohe Geschwindigkeit beim Autofahren. Sie kochen fettärmeres Mittagessen mit einem höheren Anteil an Früchten und Gemüse, halten zu regelmäßigen Schlafgewohnheiten und reduziertem Fernsehkonsum an. Ehefrauen achten darauf, dass ihre Männer die verordnete Medizin einnehmen und den Anweisungen der Ärzte folgen. Ehemänner berichten zu 80 Prozent, Ehefrauen zu 60 Prozent, dass ihre Partner etwas zur Erhaltung ihrer Gesundheit tun. Auch wenn das ‚Gemecker' der Ehefrau in der Literatur von geradezu sprichwörtlicher Wirkungslosigkeit ist: Die soziale Wirklichkeit sieht anders aus. Die liebevolle ‚Einrede' des Ehepartners führt nachweislich zu ganz erheblichen Verhaltensänderungen.

Frauen: Mehr Geld im Haushalt

Frauen zeigen per se nicht solch ein riskantes und autoaggressives Verhalten wie Männer. Ihr Alkohol- und Drogenkonsum ist niedriger, ihr Fahrverhalten rationaler. Allerdings stehen unverheiratete Frauen häufiger in Kontakt mit unverheirateten Männern, die ihrerseits riskantes Verhalten zeigen. Als Mitraucherin und -trinkerin, als Beifahrerin von alkoholisierten Rasern unterliegen sie einem höheren systematischen Lebensrisiko.

Alleinstehende Frauen sind wesentlich gefährdeter, Opfer männlicher Gewalt zu werden, und zwar sowohl auf der Straße und im öffentlichen Raum als auch in der eigenen Wohnung. Die positiven Rückwirkungen der Ehe auf die gesundheitliche Situation der Frauen sind nicht so drastisch wie bei Männern. Sie profitieren umso mehr, je länger die Ehe dauert. Ein wichtiger Grund für diesen Befund: Verheiratete Frauen verfügen durch den Zugang zum höheren Gehalt des Ehemannes im Durchschnitt über ein wesentlich größeres Einkommen als ihre unverheirateten Geschlechtsgenossinnen. Höheres Einkommen ermöglicht eine gesündere Ernährung, das Leben in sichereren und besser vernetzten Wohnvierteln.

In den USA verfügen verheiratete Frauen auch in wesentlich höherem Maße über private Krankenversicherungen und damit über eine bessere medizinische Versorgung. Das ist ein Faktor, der auch in Deutschland entgegen allen Behauptungen der Politik schnell an Bedeutung zunehmen wird. Positive Auswirkungen zeigen sich im Alter: Verheiratete Seniorinnen sind wesentlich besser vor den üblichen Lebensrisiken geschützt, sie verlieren seltener ihre Unabhängigkeit und leben seltener in Pflegeheimen.

In einer Ehe profitieren also Männer durch die Rückwirkungen auf das eigene Verhalten und Frauen durch den Zugang zum höheren Einkommen des Ehemannes. Beide Faktoren verstärken sich mit den Jahren, so dass der Gesundheitsschutz der Ehe mit ihrer Dauer zunimmt.

Die positiven Wirkungen der Ehe auf die Gesundheit dürfen aber nicht mechanistisch missverstanden werden. Sie umfassen nicht nur bessere Überwachung und dickere Brieftaschen. Letztlich gibt die Ehe den Partnern einen Lebenssinn und das Wohlbefinden des einen hängt vom anderen ab. Diese wechselseitige Abhängigkeit und Bezogenheit der Partner aufeinander, die überragende Bedeutung, die sie füreinander haben und die durch die Eheschließung öffentlich dokumentiert ist, bildet die Wurzel der (Mit-)Verantwortung. Sie sind der Grund, warum sie sich zur ‚Einrede‘ und zur korrigierenden Kritik am anderen ermutigt fühlen und ihrerseits wiederum bereit sind, auf Kritik des anderen zu reagieren. Die wechselseitige Abhängigkeit und das Wissen um das Wohlwollen hinter der Kritik des Partners schaffen jenes kulturelle Umfeld, in das die beschriebenen gesundheitsrelevanten Verhaltensänderungen eingebettet sind und das sie motiviert.

Die Ehe stärkt das Immunsystem

Ehen zeigen physiologisch nachweisbare Effekte, z. B. auf die Stabilität des Immunsystems. So sind Verheiratete nach einer Studie von 1997 weniger anfällig für einen ganz ordinären Schnupfen. Erst recht gilt das für psychische Erkrankungen, an denen Verheiratete weit weniger erkranken als unverheiratete Zeitgenossen. Dabei gilt prinzipiell, dass der Gesundheitsschutz mit der Qualität der Ehe zunimmt. Umgekehrt wirken sich Streitereien in der Ehe auch auf Körperfunktionen aus. Hohe Aggressivität bei ehelichen Zwistigkeiten führt zu einem geschwächten Immunsystem und damit zu einer stärkeren Anfälligkeit für alle Formen von Krankheiten.

Ein anderer Aspekt, der die gesundheitsstabilisierende Kraft der Ehe mit zu erklären vermag, ist ursprünglich gar nicht in diesem Zusammenhang erhoben worden. So haben Psychologen, denen es eigentlich auf die Rolle der Tiefenpsychologie für die Verbesserung der gesundheitlichen Situation von Patienten ankam, herausgefunden, dass ein intensives Gespräch über die eigene seelische Situation, über freudige und bedrückende Ereignisse wichtige Indikatoren der körperlichen Verfassung spürbar verbessert. So senkt das Gespräch oder die Niederschrift persönlicher Angelegenheiten nach physiologischen Untersuchungen die Herzfrequenz, die Hautspannung, die Muskelaktivität.

Formen intensiver Kommunikation, die mancher in der Psychotherapie erfahren mag, finden regelmäßig und in breiten Bevölkerungsschichten in Ehe und Familie statt. Allerdings sind alleinlebende Männer im Durchschnitt wesentlich isolierter als alleinlebende Frauen, die sich mit Freundinnen oder Nachbarinnen austauschen. Deshalb profitieren Männer in gesundheitlicher Hinsicht stärker von einer Ehe. Hier spielen auch die oben wiedergegebenen Befunde bezüglich der ehelichen Sexualität mit hinein. Denn der eheliche Geschlechtsverkehr ist ein herausgehobener Ort der intimen Begegnung und des sich Aussetzens. Mit ihm verfügen Paare, die in langfristiger intimer Beziehung miteinander leben, über ein Instrument, das wechselseitige Selbsterschließung in besonderer Weise möglich macht und damit Drucksituationen löst und persönliche Weiterentwicklung ermöglicht.

Die dargelegten gesundheitlichen Vorteile hängen nicht einfach mit dem Zusammenleben in einem Haushalt zusammen. Denn Insassen bloßer Wohngemeinschaften, aber auch zusammenlebende Freunde, Kinder und Eltern oder Geschwister haben keine ähnlichen Effekte zu verzeichnen. Zwar erhöhen nachweislich auch andere Formen sozialer Integration das subjektive Wohlbefinden. So fühlen sich erwerbstätige Männer und Frauen im Durchschnitt auch besser als Arbeitslose, Eltern im Durchschnitt besser als Kinderlose, wenn alle übrigen Faktoren übereinstimmen. Das Bestehen einer Ehe aber ist der einflussreichste Faktor.

Die Ehe – mehr als ein ‚Stück Papier'

Nach verschiedenen internationalen Studien profitieren erstaunlicherweise auch unverheiratet zusammenlebende Paare nicht in gleicher Weise gesundheitlich von ihrer Partnerschaft wie Verheiratete. Die Gründe für diesen Befund hängen mit den oben genannten Einflussfaktoren zusammen. Die Ehe ist in der westlichen Kulturtradition nicht nur ein ‚Stück Papier', eine bloße Äußerlichkeit, die als solche keinen Unterschied für das alltägliche Zusammenleben der Paare macht.

Unverheiratet Zusammenlebende heiraten ja in unserer Kultur in der Regel gerade deswegen nicht, weil sie sich der Dauerhaftigkeit ihrer Beziehung und der Bedeutung des Partners für das eigene Leben nicht in gleicher Weise sicher sind. Sie verbringen ihre Freizeit häufiger getrennt und gehen auch sonst eher eigene Wege. Sie wollen sich positiv gesagt stärker frei lassen bzw. lassen sich negativ gesagt nicht in gleicher Weise aufeinander ein. Dies hat Konsequenzen auf das wechselseitige Korrekturverhalten, das in einer solchen Partnerschaft meist nicht so ausgeprägt ist wie in einer Ehe. Viele positive Rückwirkungen auf die gesundheitliche Situation sind gerade mit den Aspekten einer großen partnerschaftlichen Nähe und Verbindlichkeit verbunden. Junge Männer reduzieren in solchen lockereren Beziehungen nicht in gleichem Maße ihren Alkohol- und Drogenkonsum. Der sehr sympathisch, lifestyle-bezogen und fortschrittlich anmutende Habitus des ‚sich frei Lassens' wirkt sich im praktischen Miteinander für beide Partner weniger vorteilhaft aus als die scheinbar altmodische Lebensform der Ehe mit Gütergemeinschaft und liebevoll beharrlicher Nörgelei.

Fazit und gesellschaftspolitische Konsequenzen

In der dominanten öffentlichen Wahrnehmung der Ehe ist vom ‚heiligen Stand' nicht mehr viel übrig geblieben. Sicher auch als Reaktion auf Erfahrungen in der Elterngeneration wird heute kaum etwas so wenig unterstützt wie das Aufrechterhalten einer unerfüllten Partnerschaft. Die rechtliche Institution Ehe erscheint vielen als bloßes ‚Stück Papier', auf das es für ein gelingendes Miteinanderleben nicht ankomme.

Die soziale Wirklichkeit sieht anders aus. Verheiratete Partner, die sich als Personen rückhaltlos und zeitlich unlimitiert aufeinander einlassen, entwickeln ein Partnerschaftsverhalten, das in der Mehrheit der Fälle deutlich von dem unverheirateter Paare abweicht. Sie bilden im Alltag eine Kultur des Miteinanders, der Gütergemeinschaft und der wechselseitigen ‚Einrede' aus, die sie in vielerlei Hinsicht glücklicher, zufriedener und gesundheitlich stabiler macht. Einen Partner bzw. eine Partnerin zu haben, mit der man in guten wie in schlechten Tagen, in Gesundheit und Krankheit verbunden ist, bringt Frauen und Männer Vorteile. Diese Prozesse werden vom sozialen Umfeld der Partner verstärkt. Denn dieses nimmt sie eben nicht mehr als getrennte Individuen wahr, sondern behandelt sie als Paar, das zusammengehört und füreinander verantwortlich ist.

In der öffentlichen Wahrnehmung werden diese Effekte erstaunlicherweise nicht oder kaum der Institution Ehe zugerechnet. Sie genießt eine eher dürftige Reputation. Darin weist die Ehe Gemeinsamkeiten zu anderen tragenden Institutionen unseres Gemeinwesens auf: etwa zu Marktwirtschaft und wirtschaftlichem Wettbewerb. Auch diese sind in der modernen

Gesellschaft wichtige Einflussfaktoren auf individuelles Verhalten. Markt und Wettbewerb verstärken wirtschaftliche Leistungsbereitschaft und Innovationsgeist, während die Ehe dies stärker in Bezug auf personale Mitverantwortlichkeit und Treue leistet. Doch ebenso wie die Marktwirtschaft wird auch die Ehe in dieser Funktion kaum noch verstanden. Auch sie droht als Institution unseres Gemeinwesens in ihrer sozialen Funktion zu erodieren. Sollte dies mit veränderten Lebensgewohnheiten einher gehen, dann wird es nicht ohne entsprechende negative Folgen für die gesundheitliche Situation von Männern und Frauen bleiben.

Schneller nach oben auf der Karriereleiter – eine ‚Ehe-Prämie' für Männer

‚Familienvater zu sein ist die beste Recommendation für Beförderung' – so heißt es bereits in der Rechtsphilosophie von G.W.F. Hegel. Im Privatleben Verantwortung für andere Menschen zu übernehmen, fördert jene ‚soziale Kompetenz' und Ernsthaftigkeit, auf die es auch im Berufsleben ankommt. Noch deutlicher drückt es ein dreiviertel Jahrhundert früher Benjamin Franklin aus: „Ein alleinlebender Mann hat nicht annähernd den Wert, den er im Ehestand haben würde. Denn er ist ein unvollständiges Tier. Er ähnelt mehr der nutzlosen Hälfte einer Schere."

Die Wahrnehmung, die sich hinter solchen Aussprüchen verbirgt, hat den Übergang in die Industrie- und die Dienstleistungsgesellschaft überdauert. Kaum ein Phänomen ist durch internationale sozialwissenschaftliche Studien so breit dokumentiert wie der Verdienstvorteil, den Männer aus dem Ehestand ziehen. Als einer der letzten hat der Arbeitsökonom R. Schoeni dies 1995 in einer international angelegten Studie für 15 entwickelte Länder gezeigt. Die ‚Ehe-Prämie' liegt dabei regelmäßig im zweistelligen Prozentbereich, in den USA sind es sogar 30 Prozent. Die ‚Ehe-Prämie' ist z. T. so hoch, dass sie einen Studienabschluss ersetzt.

Auch hier stellt sich wieder die Frage nach dem Wirkungszusammenhang, der sich hinter dieser statistischen Korrelation verbirgt. Vielleicht ist es nur ein hartnäckiges konservatives Vorurteil in Arbeitgeberkreisen und bei Personalreferenten, das hier für eine bessere Entlohnung verantwortlich ist? Oder es sind Selektionseffekte, d.h. wirtschaftlich ‚erfolgversprechende' Ehemänner werden eher geheiratet? Sicher ist das nicht auszuschließen und spielt zur Erklärung der Unterschiede eine gewisse Rolle. Aber Tatsache ist, dass sich die eigentliche Schere zwischen Ehemännern und unverheirateten Arbeitnehmern erst während der Ehezeit richtig öffnet. Die Einkommenszuwächse, die Verheiratete im Laufe ihrer Beschäftigung zu verzeichnen haben, sind höher als bei Unverheirateten. Und selbst wenn man Unterschiede der Branche, der Beschäftigungsdauer, der Arbeitsstunden und andere Besonderheiten des Arbeitsverhältnisses statistisch herausrechnet, wächst die Lohnhöhe verheirateter Arbeitnehmer noch immer wesentlich schneller als jene ihrer unverheirateten Kollegen.

Noch frappierender aber ist, dass nach einer Untersuchung von 1995 der Arbeitnehmer nach einer Scheidung seine ‚Ehe-Prämie' wieder verliert. Das heißt, derselbe Mann, der mit der Heirat eine Lohnsteigerung erfahren durfte, muss nach einer Scheidung nun eine Einschränkung seines Gehaltszuwachses hinnehmen. Diese statistischen Befunde sprechen dafür, dass die ‚Ehe-Prämie' keineswegs nur auf Selektionseffekte zurückgeht, sondern auf eine handfeste Unterstützungsleistung der Ehe im Wettbewerb am Arbeitsmarkt hinweist. Das Eheleben steigert die wirtschaftliche Produktivität eines Mannes und je länger er verheiratet ist, desto ausgeprägter ist diese Tendenz. Nach einer schwedischen Studie beeinflusst die Ehe den Anstieg der Gehälter stärker als sie die Unterschiede im Einstiegsgehalt beeinflusst. Der Schwerpunkt des Einkommensvorteils liegt also auf der Entwicklungsdynamik und nicht auf der Statusdifferenz. Die Gehaltsvorteile der Ehe sind zudem umso größer, je stabiler sie ist. Auch dies weist darauf hin, dass es sich um eine Prozessvariable handelt, die auf eine höhere berufliche Leistungsfähigkeit verheirateter Männer hinweist.

Die ‚Ehe-Prämie' – wie gut ist der Coach?

Wie kommt diese Steigerung der beruflichen Leistung zustande? Auch hier haben wir es nicht mit der ‚Magie des Trauscheins' zu tun. Es sind wieder handfeste Verhaltensunterschiede, die die Differenz in der Gehaltsentwicklung zwischen verheirateten und unverheirateten Männern bewirken. Zunächst ist die finanzielle Verantwortung für ihre Familie zu berücksichtigen, die die Motivation (und wohl auch die Verhandlungsposition) von Männern in Lohnverhandlungen stärkt. So zeigen Untersuchungen, dass Verheiratete noch in Positionen mit gleicher oder vergleichbarer beruflicher Verantwortung gut 10 Prozent mehr verdienen. Ein anderer Aspekt sind Spezialisierungsvorteile, die in einer Ehe anzutreffen sind. Denn Männer sind innerhalb der Partnerschaften meist auf das Geldverdienen spezialisiert mit Unterstützung ihrer Frauen. Dies gilt interessanterweise auch dann, wenn die Frauen berufstätig sind. Auch in diesem Fall tragen die Frauen ganz überwiegend die Verantwortung für Tätigkeiten im Haushalt oder für die Zubereitung der Speisen.

Familienökonominnen haben darauf hingewiesen, dass diese Spezialisierung auch für die Frauen rational ist. Denn sie profitieren auch ihrerseits davon, wenn das in der Regel höhere Verdienstpotenzial ihrer Männer voll ausgeschöpft wird. Dieser Vorteil übersteigt den Betrag, den sie selbst (mehr) verdienen würden. Frauen investieren aber nur dann in dieser Weise in die Karriere ihrer Männer, wenn die Ehe ausreichend stabil ist. Dies erklärt auch die obigen Befunde, dass die ‚Ehe-Prämie' für Männer in stabilen Ehen größer ist. Auch ein weiterer Aspekt der empirischen Befunde lässt sich mit Spezialisierungsvorteilen erklären: die im Laufe der Jahre steigende ‚Ehe-Prämie'. Je besser Mann und Frau aufeinander eingespielt sind, desto mehr profitieren beide für ihr Leben und umso höher ist der Vorteil der auf das Geldverdienen spezialisierten Männer.

Das bedeutet allerdings nicht, dass erfolgreiche Männer weniger Hausarbeit verrichten als weniger erfolgreiche. Männer verrichten in allen Lebenssituationen – ob verheiratet oder unverheiratet, ob erfolgreich oder nicht erfolgreich – weniger Hausarbeit als Frauen. Selbst die vergleichsweise fleißigen Hausarbeiter erfahren dadurch keine beruflichen Nachteile: Es gibt in der männlichen Erwerbsbiografie keinen Zusammenhang zwischen weniger Hausarbeit und mehr beruflichem Erfolg.

Einen wichtigen Grund für den größeren beruflichen Erfolg von verheirateten Männern haben wir im letzten Kapitel schon kennen gelernt: Sie führen ein gesünderes und geregelteres Leben. Sie fehlen weniger am Arbeitsplatz, kündigen seltener und werden weniger entlassen. Ein großer Teil ihrer höheren Entlohnung hängt einfach mit ihrer konstanteren und verlässlicheren beruflichen Leistung zusammen, die mit einem ‚solideren' Lebenswandel einher geht. Ihre Leistungsfähigkeit hängt auch an der Existenz und Effektivität ihrer Betreuerin und ihres ‚Coachs' – ihrer Ehefrau.

Für diese Zusammenhänge spricht auch, dass die Höhe der ‚Ehe-Prämie' des Mannes abhängig ist vom Bildungsniveau seiner Frau. Männer, die mit einer Akademikerin verheiratet sind, können sich an einer höheren ‚Ehe-Prämie' erfreuen als Männer mit einer Frau, die ohne Abschluss studiert oder einen einfacheren Schulabschluss erworben hat. Dies gilt auch für Männer, die untereinander den gleichen Abschluss haben. Der Bildungsabschluss ist offensichtlich ein Indikator für die Qualitäten der Frau als Berufsbegleiterin ihres Mannes (ebenso wie auch der Bildungserfolg der Kinder von keiner anderen Variable so stark abhängt wie vom Bildungsstand der Mutter). Dies wird auch dadurch bestätigt, dass die ‚Ehe-Prämie' in solchen Berufen besonders deutlich zum Ausdruck kommt, die selbstverantwortliches Arbeiten und Ergebnisverantwortung verlangen. In diesen Verantwortungspositionen profitieren Männer offensichtlich in besonderer Weise von einer höheren Qualifikation ihrer Ehefrau.

Was ist mit den Frauen?

Für verheiratete Frauen sind die Zusammenhänge komplizierter als für Männer. In der Öffentlichkeit dominiert die Wahrnehmung, mit einer Ehe und der Ankunft von Kindern sei die eigenständige berufliche Karriere von Frauen beendet. Diese Nichtvereinbarkeit von Familie und Beruf ist auch ein wesentlicher Grund für die sinkenden Geburtenraten und die verschobenen, wenn nicht ganz abgesagten Eheschlüsse. Die Ehe erscheint als Mechanismus der Umverteilung von Frauen zu Männern. Frauen investieren in die berufliche Entwicklung ihrer Männer, aber sie profitieren selbst nicht in gleicher Weise. Die Liberalisierung des Scheidungsrechts ist nicht zuletzt deshalb auch von Frauenpolitikerinnen und feministischen Kräften propagiert worden – und in der Tat werden die Mehrzahl der Scheidungen auch von Frauen eingereicht.

Wie steht es nun empirisch um den Einfluss der Ehe auf die ökonomische Situation von Frauen?

Für kinderlose Frauen gilt zunächst Ähnliches wie für ihre Männer. Auch sie profitieren von einer – allerdings etwas niedrigeren – ‚Ehe-Prämie' wie ihre Männer. Ein zusätzlicher Befund kommt hinzu: Verheiratete Frauen äußern eine erheblich höhere Jobzufriedenheit als ihre unverheirateten Geschlechtsgenossinnen. Bei Männern ergibt sich dagegen keine

Steigerung der Arbeitszufriedenheit durch die Ehe. Offensichtlich ist es gerade die Tatsache, dass die verheiratete Frau durch ihr ‚zweites Einkommen' nicht die finanzielle Hauptlast des Familienhaushalts zu tragen hat, die ihr eine gewisse Souveränität im Umgang mit konkurrierenden Arbeitgebern oder auch bei der Wahl ihres Arbeitsplatzes gibt. Die eheliche Partnerschaft nutzt sowohl Männern als auch Frauen im Beruf. Verheiratete Frauen ohne Kinder haben einen deutlichen finanziellen Vorteil von der Ehe gegenüber unverheirateten Frauen ohne Kinder.

Anders sieht es bei der Ankunft von Kindern aus. Denn es sind in der ganz überwiegenden Zahl der Fälle die Frauen, die in dieser Lebenssituation ihre Arbeit – ganz oder teilweise – aufgeben. Nicht die Ehe als solche, sondern die Ankunft von Kindern hat also einen negativen Einfluss auf den Verdienst von Frauen. Das gilt sogar dann, wenn sie nach der Geburt ihre Berufstätigkeit nur kurz unterbrechen und sofort wieder arbeiten gehen. Auch dann schlägt ihre Lohnentwicklung einen niedrigeren Pfad ein, u.a. weil sie selbst die Prioritäten anders setzen oder zumindest mögliche Karriereschritte ungenutzt lassen. Viele verheiratete Frauen mit Kindern arbeiten in Teilzeit – wobei Teilzeitarbeiter einen niedrigeren Stundenlohn als Vollzeitbeschäftigte erreichen. Geht man allerdings davon aus, dass die Lohnhöhe pro Stunde mit der Zahl der insgesamt geleisteten Stunden in einer Erwerbsbiografie anwächst, dann weisen Frauen mit Kindern gegenüber Kinderlosen keine prinzipiell schlechtere Lohnentwicklung auf. Die Unterschiede im Gesamtverdienst resultieren daraus, dass sie insgesamt innerhalb ihrer Erwerbsbiografie weniger Stunden Erwerbsarbeit leisten – und dadurch später oder gar nicht in den Bereich höherer Stundenlöhne kommen.

Die wirklichen Zusammenhänge werden dann deutlich, wenn man die relevanten Alternativen miteinander vergleicht. Die weit verbreitete kritische Wahrnehmung der Ehe durch die Frauenpolitik hängt letztlich damit zusammen, dass man Äpfel mit Birnen vergleicht: nämlich kinderlose Single-Frauen mit verheirateten Müttern. Im Vergleich von verheirateten kinderlosen Frauen mit ihren unverheirateten Altersgenossen schneiden erstere – wie gesehen – besser ab. Auch im Vergleich von verheirateten Frauen mit Kindern und unverheirateten Frauen mit Kindern – also Alleinerziehenden – schneiden die verheirateten besser ab. Es muss in der Debatte letztlich um das Einkommensrisiko gehen, das die Geburt von Kindern mit sich bringt bzw. seine Verteilung auf Männer und Frauen.

Ausbeutungsgefahr Scheidung mit Kindern

Deutliche Ungleichheiten zeigen sich vor allem bei einer Scheidung. In der ‚internen Logik' einer ehe-basierten Familie ist es auch aus der Sicht der Ehefrau vernünftig, das meist höhere Verdienstpotenzial des Ehemannes auszuschöpfen und dafür lieber auf Schritte zur eigenen beruflichen Entwicklung zu verzichten. Denn dies erhöht die Gesamterträge des ‚Teams'. Diese Zusammenhänge lagen ja der o.g. ‚Ehe-Prämie' zu Grunde.

Anders sieht es aus, wenn man aus einer individualistischen Perspektive die Teamerträge hinterfragt und auf die Verteilung zwischen den beiden Partnern schaut. Eine solche Sicht wird immer dann relevant, wenn die Wahrscheinlichkeit einer Ehescheidung steigt. Denn die Steigerung des Teamertrages durch die ehe-interne Spezialisierung ist mit einer ungleichen Verteilung der Komponenten ‚soziale Kompetenz' und ‚Einkommenserwerbskompetenz' erkauft.

Im Falle einer Scheidung nimmt der stärker erwerbsorientierte Partner sein Verdienstpotenzial mit, ohne dass er dafür einen entsprechenden Ausgleich zahlen müsste oder könnte. Unser Personenstandsrecht sieht die ‚Zugewinngemeinschaft' als Normalfall des ehelichen Güterstandes vor, wenn nicht etwas anderes vereinbart oder ein Ehevertrag geschlossen worden ist. Im Falle der Auflösung der ehelichen Zugewinngemeinschaft wird der Zugewinn auf die beiden Partner aufgeteilt. Dazu wird der Vermögensbestand zum Zeitpunkt der Hochzeit mit dem Bestand zum Zeitpunkt der Scheidung verglichen und konsequent auch unter Berücksichtigung von Rentenanwartschaften, Lebensversicherungen etc. halbiert. Ausgenommen von dieser Aufteilung ist aber jener Posten, der für die meisten Bürgerinnen und Bürger den wertvollsten Vermögensbestandteil ausmacht, nämlich das Verdienstpotenzial auf Erwerbsarbeitsmärkten, die berufliche Qualifikation. Die Vereinbarung von Unterhaltszahlungen kann diesen wichtigen Vermögensposten nicht annähernd kompensieren. Er macht für den anderen Partner die gravierendsten Einkommensverluste aus. Dieses Risiko ist systematisch mit der Erarbeitung einer ehelichen ‚Team-Prämie' verbunden. Es kann nur dann reduziert werden, wenn beiden Partnern eine mehr oder weniger kontinuierliche Fortsetzung ihrer Erwerbsarbeit ermöglicht wird.

Weitgehend überschätzt wird in diesem Zusammenhang die Rolle der Hausarbeit. Ihr kommt zwar im Zusammenleben der Ehepartner oft eine hohe symbolische Bedeutung zu. Zur wirtschaftlichen Diskriminierung der Frauen aber trägt sie kaum noch bei. Schon im Single-Haushalt verrichten Frauen deutlich mehr Hausarbeit als Männer. Sie übernehmen auch im gemeinsamen Ehe-Haushalt ganz überwiegend die Hausarbeit. Männer ziehen sich insbesondere nach der Geburt des ersten Kindes aus dem Haushalt zurück – ein schleichender Prozess, der sich später kaum rückgängig machen lässt. Eine statistische Beziehung zwischen Umfang der Hausarbeit und Höhe des Erwerbslohnes aber besteht nicht. Hier wirken sich erst Geburt und Pflege von Kindern sehr deutlich aus.

Frauen zahlen also nicht etwa eine Ehe-Buße als Äquivalent zur ‚Ehe-Prämie' ihrer Männer. Die Ehe ist gerade kein Nullsummenspiel, wie ihre feministischen Kritiker behaupten. In einer stabilen Ehe profitieren vielmehr prinzipiell beide Partner. Sie ist eine ‚Zugewinngemeinschaft' (in einer etwas anderen als der juristischen Bedeutung des Wortes) oder ein ‚Positivsummenspiel' (‚win-win-Szenario').

Frauen ohne Kinder genießen diese Vorteile der Ehe ungeschmälert. Erst mit der Geburt von Kindern sind die o.g. Risiken verbunden. Diese werden dann allerdings oft ungleich auf die Partner verteilt. Der Umgang mit diesem Risiko kann darüber entscheiden, ob sich der eine Partner (meist die Frau) überhaupt auf eine Ehe mit Kindern einlässt.

Alterssicherung Ehe

Die Folgen des demografischen Erdrutsches, der im Deutschland des 21. Jahrhunderts bevorsteht, werden heute entgegen den Beschwichtigungsversuchen der Vergangenheit immer offener diskutiert. Dabei hat die Frage einer nachhaltigen sozialen Sicherung der älteren Generation erheblich an Bedeutung gewonnen. Dieser Diskussion fällt es allerdings schwer, ihre Eierschalen abzustreifen. Denn sie fragt noch immer fast ausschließlich danach, wie bestehende Versicherungssysteme optimiert und/oder neue aufgelegt werden können. Soziale Sicherung im Alter wird noch immer fast ausschließlich ‚aus dem Staat heraus' (Hans Maier) gedacht.

Eine solche Diskussion ist in vielfacher Hinsicht wirklichkeitsfern. Denn sie geht nicht nur davon aus, dass die Lebensqualität im Alter vor allem vom Geld abhängt. Sie setzt ebenso voraus, dass dieses Geld aus eigens dafür angelegten Systemen kommen muss. Da werden dann schon einmal im Bundesministerium einige Tausend neue Beamte eingestellt, um diese Form der ‚Privaten Alterssicherung' staatlich zu administrieren.

In der Realität finden nach wie vor große Teile der Alterssicherung und Vermögensbildung im so genannten ‚privaten Raum' statt. Ein Instrument von außerordentlicher Bedeutung dabei ist die Ehe. Schon Untersuchungen, die lediglich das Geldvermögen von Ehepaaren mit demjenigen gleichaltriger Singles, Geschiedener oder ehelos zusammenlebender Paare vergleichen, zeigen eine Spitzenposition der Verheirateten (besonders schlecht schneiden dagegen die unverheirateten Paare ab – aus Gründen, die noch zu untersuchen sein werden). Doch den wirklichen Vorteil der Eheleute können nur Untersuchungen erfassen, die alle Vermögensbestandteile wie Rentenansprüche, Immobilienvermögen, Bankguthaben etc. abzüglich der Schulden in die Betrachtung mit einbeziehen. Hier liegen Ehepaare noch deutlicher an der Spitze. In einer amerikanischen Studie über die Vermögenssituation von Pensionären hatten sie pro Kopf einen Vermögensvorteil von ungefähr 50 000 \$ zu den Geschiedenen und Verwitweten und sogar 100 000 \$ zu den getrennt lebenden Paaren. Zu den lebenslangen Singles lag der Unterschied dagegen nur bei knapp 40 000 \$ – hier schlugen die Kosten der Trennung oder Scheidung insgesamt sogar negativ zu Buche. Lupton und Smith, die Autoren dieser Studie, stellten auf der Grundlage dieser Zahlen einen Zusammenhang zwischen dem Rückgang der Zahl der Ehen und dem gravierenden Rückgang der Sparrate in den USA der vergangenen Jahrzehnte her.

Bei der Begründung für diesen Befund, der ganz ähnlich auch für Deutschland erhoben worden ist, sind mehrere Faktoren zu berücksichtigen. So spielen hier sicherlich Selektionseffekte eine Rolle: So heiraten Paare auch im 20. Jahrhundert noch häufig innerhalb einer sozialen Schicht bzw. Bildungsschicht und auch Scheidungen nehmen mit steigendem Einkommen und höherer Bildung eher ab. Hinzu kommt die im letzten Kapitel erhobene ‚Ehe-Prämie' insbesondere des berufstätigen Mannes, die sich über die Jahre und Jahrzehnte zu ganz erheblichen Unterschieden addiert. Eine stabilere gesundheitliche Entwicklung trägt das

Ihre zu einem schnelleren Vermögensaufbau im Haushalt von Ehepaaren bei. Beides macht ungefähr ein Drittel der Vermögensdifferenzen aus.

Auch hier zeigt sich allerdings wieder jener Befund, der schon in den letzten Kapiteln zu berichten war: Je länger Ehen dauern, umso größer wird die durchschnittliche Vermögensdifferenz zu den Haushalten von alleinerziehenden oder geschiedenen Partnern. Eine Studie fand ein Vermögenswachstum bei Verheirateten, das nicht weniger als doppelt so hoch war wie bei geschiedenen Paaren. Je mehr Zeit nach einer Scheidung verging, bevor eine neue Ehe geschlossen wurde, desto niedriger war das Vermögen. Auch die Zahl der Scheidungen in einer Erwerbsbiografie beeinflusst den Vermögensbestand negativ – denn die Kosten einer Scheidung sind hoch und sie führt zur Aufteilung des Vermögens. Erstaunlicherweise verbessert sich demgegenüber die Vermögenssituation für unverheiratet zusammenlebende Paare mit der Zeit der Wohngemeinschaft nicht: Sie kommen über sehr niedrige Vermögensbestände nicht hinaus.

Das Konsumverhalten von Verheirateten

Gerade der letztgenannte Aspekt lässt auf verhaltensrelevante Faktoren schließen, die mit der Ehe selbst zusammenhängen. Hier ist insbesondere ein ökonomischeres Ausgabenverhalten zu nennen. Innerhalb der ehelichen Partnerschaft ist es meist der sparsamere Partner, der das Geld verwaltet und zumindest größere Anschaffungen überwacht. Spontan- oder auch ‚Frustkäufe', wie sie bei vielen Singles immer wieder einmal vorkommen, werden durch diese ‚eingebaute Ausgabenkontrolle' unter Eheleuten verhindert – sie sind aufgrund der insgesamt höheren durchschnittlichen Lebenszufriedenheit von verheirateten Paaren in der Regel wohl auch seltener notwendig.

Die eheliche Gütergemeinschaft wirkt wie eine langfristige Selbstbindung. Durch den Verzicht auf ihre Ausgabenautonomie gehen die Partner ein geringeres Risiko ein, unüberlegte Käufe zu tätigen, die ihnen später leid tun könnten. Sie ähneln hier durchaus dem gerade entwöhnten Raucher, der vor einem Zigarettenautomaten die Straßenseite wechselt oder Robinson Crusoe, der sich einen Weckmechanismus baut, um nicht die beste Arbeitszeit des Tages zu verschlafen. Ein Aspekt dieser Selbstbindung zeigte in der Vergangenheit größere Wirkung: die so genannten Haustürgeschäfte, die mit dem oft bemühten Argument widerrufen werden konnten, der Ehemann sei mit dem Kauf nicht einverstanden.

Spezialisierungseffekte innerhalb der Familie senken auch die Ausgaben des Familienhaushalts. Die Tatsache, dass sich in der Regel einer der Partner besser auf das Kochen versteht, senkt die Ausgaben für Fertiggerichte oder Mahlzeiten in Restaurants. Versteht sich einer der Partner auf bestimmte Formen der Hausaufgabenhilfe (z.B. Fremdsprachen, höhere Mathematik), dann senkt dies die Kosten für Nachhilfeunterricht. Hat ein Partner Routine im Auffinden von Sonderangeboten oder im sparsamen Einkaufsverhalten, dann kann sich das schnell im Budget positiv bemerkbar machen. Größenvorteile hat der Familienhaushalt auch bei den langlebigen Konsumgütern und Haushaltsgeräten: Eine Waschmaschine, eine Spülmaschine, ein Herd, eine Wohnzimmergarnitur, ein Fernsehgerät, ein Auto etc. können von allen gemeinsam genutzt werden. So müssen Eheleute weniger bezahlen, um den gleichen Lebensstil genießen zu können.

Doch Verheiratete zeigen in ihrem Ausgabeverhalten noch andere Eigenschaften, die sich langfristig positiv auf ihre Vermögenssituation auswirken. So stecken sie ihr Geld eher in langfristige Investitionsgüter wie das eigene Haus (das im Alter die Mietzahlungen erspart), die Ausbildung der Kinder, die Wohnungseinrichtung, die häusliche Werkstatt. Da sie sich ihren eigenen Kindern verpflichtet fühlen, entwickeln sie ein investives Einkaufsverhalten, das den Aufbau von Vermögen begünstigt.

Demgegenüber leben Singles eher dem kurzfristigen Konsum. Es zeichnet ehelos zusammenlebende Paare aus, dass sie sich bezüglich ihres Konsumverhaltens gegenseitig ‚keine Vorschriften machen' wollen. Aufgrund unterschiedlicher Ausgabenneigung ziehen sie also eine grundsätzlich andere Konsequenz als die meisten Verheirateten, die sich durch ihre eheliche Gütergemeinschaft wechselseitig limitieren. Unehelich zusammenlebende Paare dagegen wirtschaften auch in ihrer Wohngemeinschaft mit getrennten Kassen, teilen die Kosten der gemeinsamen Einkäufe untereinander auf und lassen sich darüber hinaus ‚alle Freiheit'. Manchem Spontaneinkauf des freizügigeren Partners würde der andere zwar nicht zustimmen – ‚aber es ist ja sein/ihr Geld'. Bloßes Zusammenleben produziert also nicht die gleichen Vermögenseffekte wie die eheliche

Gütergemeinschaft. Gerade weil die nicht verheirateten Partner größeren Wert auf ihre persönliche Autonomie legen, kommt jene Form wechselseitiger Anteilnahme nicht zustande, die die genannten langfristigen ökonomischen Vorteile produziert.

Kinder leben in diesen Formen des Zusammenlebens meist nicht – auch wenn sich dies in manchen Ländern in letzter Zeit zu ändern beginnt und dadurch wahrscheinlich auch eine stärkere wechselseitige Verbindlichkeit begründet. Bislang aber gilt in Bezug auf Eheleute und uneheliche Partnerschaften: Unterschiedliche Verhaltensweisen führen über die Jahre hinweg zu ganz unterschiedlichen Ergebnissen. Die Vermögensbestände unverheirateter Partner unterscheiden sich kaum von denen ihrer alleinlebenden Altersgenossen.

Nach empirischen Untersuchungen haben die vermögensrelevanten Vorteile, die Eheleute gegenüber ihren unverheirateten, geschiedenen oder verwitweten Zeitgenossen erfahren, im Laufe der vergangenen Jahrzehnte sogar noch zugenommen. Haushalte von Eheleuten stehen sich heute immer besser, während das Einkommen in Scheidungshaushalten oder von Alleinstehenden bestenfalls stagniert.

Hoffentlich ‚Ehe-versichert'!

Ein wichtiger, in der öffentlichen Diskussion kaum genannter Aspekt kommt hinzu: Die wechselseitige Solidarität innerhalb der Ehe wirkt wie eine Versicherung. Wer in Krankheit und existenziellen Lebenskrisen auf Hilfe und Beistand seiner Partnerin bzw. seines Partners vertrauen kann, der braucht für diese Fälle nicht aufwendig vorzusorgen. Eheleute setzen einander fast immer als Erben ein; sie schließen zudem nicht selten Lebensversicherungen für einen oder beide der Partner ab. Bereits diese alltägliche Praxis erhöht den Versicherungsschutz für den zurückbleibenden Partner ganz erheblich. Dies wird schon deutlich, wenn man die Beendigung einer Beziehung durch den Tod eines der Partner mit der Beendigung durch eine Scheidung vergleicht. Auch im ersten Fall sieht sich der zurückbleibende Ehepartner als Witwe oder Witwer mit einer wesentlich schwierigeren Lebens- und Einkommenssituation konfrontiert. Doch hier kann er wenigsten auf jene Vermögensbestandteile oder Versicherungssummen zurückgreifen, die ihm der Partner hinterlassen hat. Im Fall der Scheidung dagegen kommt zu den schwierigeren Zukunftsaussichten auch eine ganz erhebliche Reduktion der gegenwärtigen Vermögensposition hinzu.

Wären diese Formen niedrigschwelliger wechselseitiger Versicherung in der Ehe durch den Kauf von Lebensversicherungen abzudecken, so kämen auf die Partner ganz erhebliche Mehrbelastungen zu. Der amerikanische Ökonom Laurence Kotlikoff, der durch die Aufstellung von Generationenbilanzen bekannt geworden ist, hat für dieses Risiko-Pooling in der Ehe einen jährlichen Vermögensvorteil Verheirateter im Alter von 30 Jahren von 12-14 Prozent und im Alter von 75 Jahren von 30 Prozent errechnet. Solche Effekte tragen zur Verbesserung der finanziellen Situation von Verheirateten selbst dann ganz erheblich bei, wenn man sie mit Singles vergleicht, die ungefähr das gleiche laufende Einkommen haben. Eine Ehe ist damit bereits in sich ein Vermögensbestandteil, ohne dass sich die Partner und das gesellschaftliche Umfeld das so bewusst machen würden. Umgekehrt wachsen in einer individualisierten Gesellschaft die Aufwendungen für Beiträge zu staatlichen oder privaten Versicherungen ganz erheblich an, wenn Bürgerinnen und Bürger auch nur dasselbe Sicherheitsniveau erreichen wollen, das die Bewohner eines Gemeinwesen mit vielen funktionierenden ehelichen Partnerschaften besitzen.

Doch die Ehe ist zugleich auch mehr als ein Versicherungsvertrag. Sie ist mehr als eine private Beziehung zwischen zwei Menschen. Sie ist eine Institution, die die Normen ihrer gesellschaftlichen Umwelt widerspiegelt. Sie verstärkt das Vertrauen untereinander wie auch das der Kinder und des sozialen Umfelds darin, dass eine Partnerschaft trägt. Dieses Vertrauen erlaubt den Partnern, ihr Leben in anderer Weise zu regeln als dies Singles oder ehelose Paare tun. Indem sie ihren Besitz zusammenlegen, schaffen sie die Grundlagen nicht nur für den Aufbau eines Vermögens, sondern auch für eine nachhaltige Erhöhung ihrer Lebensqualität.

Erweiterte Solidarität in den Herkunftsfamilien

Die Beziehung zu der Herkunftsfamilie des Ehepartners gehört nach der gängigen Folklore nicht gerade zu den Schönheiten des Ehelebens. Insbesondere die Schwiegermutter erfreut sich bereits seit Jahrhunderten einer wenig schmeichelhaften Reputation. Doch auch hier sieht die Wirklichkeit oft anders aus. So ist die erweiterte Solidarität in den Herkunftsfamilien der Ehepartner ein weiterer wichtiger Faktor ihres beschleunigten Vermögensaufbaus. Verheiratete Partner erhalten dabei wesentlich öfter und in wesentlich stärkerem Umfang finanzielle Unterstützung als unehelich zusammenlebende Paare, Stieffamilien oder Singles. Insbesondere erhalten sie in der Regel informelle Hilfen aus beiden Familien. Die Wahrscheinlichkeit, dabei nützliche Spezialisierungen eines Bruders, einer Tante, eines Schwagers nutzen zu können, ist dann doppelt so groß. Geschiedene und alleinerziehende Mütter haben demgegenüber kaum eine Chance auf Hilfen aus der Herkunftsfamilie des Vaters ihrer Kinder. Die Ehe verändert also nicht nur das Verhalten der Partner untereinander – sie verändert auch das Verhalten der Familienmitglieder und des sozialen Umfelds des Paares. Durch die Ehe wird der angeheiratete Partner Mitglied der Familie und kann sich dadurch aller Solidarrechte und -pflichten erfreuen. Angesichts der Umkehrung der klassischen Einkommensverteilung, durch die Eltern und ältere Angehörige der Partner immer größere Einkommen beziehen und Vermögensbestandteile zu vergeben haben, ist dies ein in der Zukunft immer wichtigerer Faktor der Wohlstandssteigerung von Eheleuten.

Scheidung als Einkommensrisiko

Dieselben Faktoren, die die Wohlstandsposition von Eheleuten verbessern, trocknen im Falle einer Scheidung die Quellen des Familienunterhaltes aus und verschlechtern die Lebensqualität aller beteiligten Partner drastisch. Die schwedische Wissenschaftlerin A. Sorensen schätzt, dass sich die Armutsrate in den von ihr untersuchten Ländern Deutschland, Schweden und USA fast verdoppeln würde, wenn die Familien mit ihrem Einkommen statt eines Haushalts zwei Haushalte zu versorgen hätten. Geschiedene Männer verdienen nicht nur im Durchschnitt weniger, sie teilen auch nur einen geringeren Bestandteil ihres Einkommens mit ihren ehemaligen Familienmitgliedern. Allerdings wirkt sich selbst die gescheiterte Ehe noch positiv auf das Einkommen von Kindern aus. Denn geschiedene Väter zahlen wesentlich häufiger Unterhalt als Väter, die mit der Mutter ihrer Kinder niemals verheiratet waren.

Alleinerziehende – egal ob geschieden oder nicht – und ihre Kinder sind die größte Gruppe unter den Sozialhilfeempfängern. Ein scheidungsbedingter Einkommensverlust um die Hälfte ist keine Seltenheit. Hausfrauen haben Spezialisierungsvorteile bei der Kinderbetreuung, beim Einkaufen und beim Führen eines Haushalts erworben. Zugleich sind sie aber – wie gesehen – auf den Arbeitsmärkten stark benachteiligt. Je früher hier eine Scheidung ausgesprochen wird, desto gravierender sind die Folgen für den Vermögensaufbau, der dann bereits in sehr frühem Stadium unterbrochen wird. Nach einer amerikanischen Studie senkt jedes Jahr in Scheidung das Vermögen um 3,5 Prozent. Früh Geschiedene sehen sich also im Alter besonderen Einkommensrisiken ausgesetzt. Ähnliches gilt für lebenslange Ehelosigkeit. Stärker als niedrige Lohneinkommen ist sie – insbesondere für Frauen – ein Risikofaktor für Altersarmut. Es sind in allen Ländern der Welt vor allem ehelose Frauen, die die absolute Unterschicht der jeweiligen Gesellschaft konstituieren – in Entwicklungsländern sind sie am stärksten vom Hungertod bedroht. Umgekehrt ist das Bestehen einer Ehe ein wichtiger Faktor im Kampf gegen den Abstieg in die Armut. Die nationalen Richtlinien der Armutsbekämpfung, denen umfangreiche empirische Messungen des Haushaltseinkommens zu Grunde liegen, zeigen, dass nur ein ca. 30 Prozent höherer Transfer notwendig ist, um ein Paar vor der Armut zu bewahren als jene Summe, die einen Einzelnen vor der Armut bewahren würde. Umgekehrt ist das Eingehen einer Ehe ein wichtiger Faktor auf dem Weg zur Überwindung der Spirale der Armut, wie Untersuchungen sozial benachteiligter Minderheiten gezeigt haben.

Die sozialpolitische Bedeutung solcher Befunde ist gerade angesichts der genannten Probleme der Alterssicherung und der Bekämpfung sozialer Notlagen bei enger werdenden sozialpolitischen Spielräumen nicht hoch genug zu bewerten.

Die Logik der Ehe als kollektive Selbstbindung: Beziehungsspezifische Investitionen

Aber brauche ich dazu wirklich die Ehe? Freiheit in und durch Selbstbindung

Die genannten Vorteile von Ehepartnern in den Bereichen Gesundheit, Einkommen, Vermögen etc. fallen – wie wir gesehen hatten – nicht vom Himmel. Sie verdanken sich nicht einer ‚Magie des Trauscheins', sondern konkreten Unterschieden im Bindungsverhalten verheirateter Partner. Denn diese übernehmen in stärkerem Maße Verantwortung füreinander, erheben ‚Einrede' in die Lebensführung des anderen und lassen sich ihrerseits vom Partner in ihre Angelegenheiten hereinreden. Doch ist dieses Verhalten wirklich an die Ehe gebunden? Kann man nicht auch ohne die Ehe verbindlich zusammenleben und gleichzeitig seine Freiheit bewahren? Im Prinzip ja, aber warum eigentlich?

Die Ehe lässt sich als – wechselseitiger – Selbstbindungsmechanismus verstehen, der eine gewisse Erwartungssicherheit schafft – und dadurch beidseitig erwünschte Verhaltensänderungen freisetzt. Der Zugriff auf einen derartigen Selbstbindungsmechanismus ist keineswegs ein Weniger an Freiheit. Die Möglichkeit zur Selbstbindung und der Zugang zu Selbstbindungsmechanismen erweitert vielmehr den persönlichen Freiheitsraum. Ein Beispiel: Jemand, der sich am Abend einen Wecker stellt, um am Morgen zu einer bestimmten Uhrzeit aufzustehen, ist dadurch nicht weniger frei. Er hat vielleicht sogar einen noch ruhigeren Schlaf, weil er weiß, dass der Wecker ihn zu gegebener Zeit aufwecken wird. In jedem Fall aber ist jemand, der seinen Reisewecker zu Hause vergessen hat oder dessen Wecker nicht funktionstüchtig ist, nicht freier als derjenige, der einen funktionstüchtigen Wecker in seinem Besitz hat.

Der Philosoph Ion Elster hat diese Logik der Selbstbindung am Beispiel des Odysseus aus der griechischen Sage verdeutlicht. Odysseus möchte den betörenden Gesang der Sirenen hören, aber ohne ihnen zu verfallen und – wie so viele andere Helden vor ihm – von ihnen getötet zu werden. Er weiß aber, dass er in der Situation der Begegnung jede Vorsicht vergessen und sich selbst in existenzielle Gefahr bringen wird. Deshalb verfällt Odysseus auf eine List: Er lässt sich auf seinem Boot an den Mast binden, verstopft seinen Gefährten die Ohren und schärft ihnen ein, dass sie in der Situation der Begegnung seinen eigenen Anweisungen nicht Folge leisten sollen. So kann er den Gesang der Sirenen hören und gerät dadurch doch nicht in Lebensgefahr. Denn als er unter dem Eindruck des betörenden Gesangs der Sirenen von den Gefährten wild gestikulierend fordert, losgebunden zu werden, da schenken diese seinem Verlangen auftragsgemäß keine Beachtung.

Auch die Geschichte von Odysseus bei den Sirenen folgt der Logik der Selbstbindung. Odysseus schließt selbst bestimmte eigene Handlungsmöglichkeiten in der Zukunft aus; doch indem er dies tut, kann er seine Freiheitsentfaltung noch entscheidend erweitern. Die Möglichkeit, sich selbst zu binden, ist die Voraussetzung dafür, um systematisch Ziele zu realisieren, die von anderen, nicht selbstbindungsfähigen oder -willigen Zeitgenossen gerade nicht realisiert werden können. Die Logik der Selbstbindung ist zu unterscheiden von jedem moralisierenden Appell. Sie verlangt nicht einen Verzicht auf selbstbestimmtes und zielorientiertes Handeln. Selbstbindungen erweisen sich vielmehr als wichtiges Instrument, um seine Ziele zu erreichen. Selbstbindung erweitert den persönlichen Freiheitsraum – das ist die Pointe dieser jahrtausendealten Geschichte des griechischen Schriftstellers Homers, die auch für ein besseres Verständnis der Ehe wichtige Grundlagen legt.

Der Ökonom Thomas Schelling überträgt diese Logik auf den vorsorglichen Umgang mit dem eigenen Suchtverhalten. Der ehemalige Alkoholiker oder Drogensüchtige, der sich nicht in Versuchung bringt und deshalb bestimmte Situationen von vorneherein meidet; der entwöhnte Raucher, der vor einem Zigarettenladen die Straßenseite wechselt etc. – sie alle erweitern ganz offensichtlich ihre Freiheit, indem sie bewusst bestimmte eigene Handlungsmöglichkeiten ausschließen, weil sie diese auf unerwünschte Entwicklungspfade (hier: in ihre selbstzerstörerische Abhängigkeit) zurück bringen würden.

Halten wir fest: Die Logik der Selbstbindung ist zu unterscheiden von jedem moralisierenden Appell. Sie verlangt nicht etwa den Verzicht auf selbstbestimmtes und zielorientiertes Handeln – sie ist gerade Ausdruck davon.

Die Ehe lässt sich ebenfalls als ein solcher wechselseitiger Selbstbindungsmechanismus rekonstruieren – auch wenn sie von den Partnern meist nicht ausdrücklich in dieser Weise als ‚Mittel zum Zweck' angesehen wird. Wer heiratet, der ordnet sich dadurch nicht alten verstaubten Traditionen unter, die in der modernen Gesellschaft keinen Sinn mehr machen. Die Ehe als Option individuellen Handelns genügt vielmehr denselben Rationalitätsansprüchen, die wir auch in anderer Hinsicht an unser Verhalten anlegen.

Die ökonomische Vertragstheorie (Autoren wie Yoram Ben-Porath, Robert Pollak, Rudolf Richter u.a.) hat die Ehe in dieser Logik als unvollständigen oder relationalen Vertrag (‚contingent claim') zu verstehen versucht. Unvollständige Verträge zeichnen sich dadurch aus, dass sie alle zukünftigen Handlungsverpflichtungen der Vertragspartner gerade nicht von vornherein detailliert festlegen. Vielmehr werden ‚Nachverhandlungen' vereinbart, wenn sich wichtige Umweltbedingungen in gravierender Weise verändern. Die Vertragspartner eines relationalen Vertrags – wie er in der Wirtschaft etwa auch im Bereich langfristiger Lieferbeziehungen üblich ist – sind nicht gegen andere Partner austauschbar. Der relationale Vertrag eröffnet den Partnern damit unter schnell wechselnden Umweltbedingungen eine Flexibilität ihrer Arrangements, die sich durch eine Vielzahl vollständiger Verträge (in denen also die Austauschleistungen vorher umfassend festgelegt sind) gerade nicht erreichen ließe.

Selbstverständlich lassen sich Selbstbindungen auch ohne bestimmte, von einem kulturellen Umfeld dafür zur Verfügung gestellte Instrumente realisieren. Doch die Kosten dafür sind in der Regel wesentlich höher. Dies wird gerade im Vertragsrecht deutlich.

Mancher mag meinen, Verträge zu schließen sei eine überflüssige Äußerlichkeit, letztlich komme es auf ein gutes menschliches Verhältnis und den konstanten wechselseitigen Vorteil an. Doch wer so handelt, der wird schnell erfahren, dass Verträge die ‚Transaktionskosten' – also die Kosten der Abwicklung von Austauschbeziehungen – stark senken können. Denn sie schaffen wechselseitige Erwartungssicherheit, signalisieren Verpflichtungen, beeinflussen zukünftiges Verhalten und minimieren dadurch wechselseitige Enttäuschungen. Der Vertrag selbst garantiert noch nicht seine Erfüllung. Aber er spezifiziert ziemlich genau die Erwartungen, die die Partner aneinander haben. Bei unvollständigen oder relationalen Verträgen gilt dies naturgemäß weniger als bei vollständigen Verträgen. Aber auch sie schaffen Erwartungssicherheit bei den Vertragspartnern.

Das gilt auch für die Ehe. Natürlich können Partner auch ohne sie eine wechselseitig fruchtbare Verbindlichkeit entwickeln. Doch sie setzen sich dadurch höheren Risiken ungeklärter Erwartungen und damit wechselseitiger Enttäuschungen aus, die das Vertrauen als Grundlage ihrer Beziehung zerstören. Der Komplex von expliziten und impliziten Normen und Regeln, die die kulturelle Institution ‚Ehe' ausmachen, trägt dabei eine ganz erhebliche Entlastungswirkung. Sie strukturiert ausgesprochene und unausgesprochene Erwartungen, die die Partner aneinander haben und beugt damit tendenziell Enttäuschungen vor.

Die Wirkmächtigkeit dieser Orientierungsleistung der kulturellen Institution Ehe zeigt sich auch dort, wo sie nicht zustande kommt. So ist die Scheidungsrate von Ehen unterschiedlicher Konfessionen höher als die Scheidungsrate von Ehen innerhalb einer Konfession. Die Scheidungsrate von Ehen zwischen Partnern aus verschiedenen Nationalitäten ist höher als die Scheidungsrate innerhalb einer Nationalität. Das gilt umso mehr, je stärker die Kulturen der ehelich miteinander verbundenen Partner bezüglich der damit verbundenen Rollenerwartungen voneinander abweichen.

Der naheliegende Grund für diese Befunde liegt darin, dass die Partner eben unterschwellig mit dem Eheschluss jene Normenkomplexe und Rollenerwartungen verbinden, die jeweils in ihrer Kultur damit verknüpft sind. Das gilt insbesondere in Bezug auf das Verhältnis der Geschlechter. Während die abendländisch-christliche Kultur hier von ihrem Personenverständnis her stärker von einem partnerschaftlichen Verhältnis von Mann und Frau ‚auf Augenhöhe' ausgeht, ist dies in anderen kulturellen Kulturräumen nicht unbedingt in gleicher Weise der Fall. Doch auch innerhalb der westlichen Kultur gibt es nicht unerhebliche Unterschiede der unausgesprochenen Erwartungen, die Partner an ihre Ehe stellen. Sie wurden meist im eigenen Elternhaus oder bei Bekannten erlernt.

Die Bedeutung von ‚Investitionen'

Die mit einem Vertrag verbundenen Hoffnungen und Erwartungen der Partner aneinander erfüllen sich nur dann, wenn nach dem Vertragsabschluss die eingegangenen Verpflichtungen auch erfüllt werden. Der Vertrag selbst führt nicht automatisch dazu. Kann aber der Vertragsabschluss ein vertragsgemäßes Verhalten nicht bewirken, dann ist er – zumindest zur Erfüllung der damit verbundenen Ziele – wertlos. Der Vertrag ist kein Zweck an sich. Seine Funktion liegt vielmehr darin, vorläufige Erwartungssicherheit herzustellen, um so Vorleistungen der Partner zur Erfüllung der Vertragsleistung sicherzustellen. Solche je einseitigen Vorleistungen lassen sich auch als vertragsspezifische *Investitionen* der Partner begreifen. Man ‚stellt sich auf die Vertragserfüllung ein' – disponiert also in der Weise um, das von den internen Abläufen her die Vertragserfüllung möglich wird.

Ob eine Ehe die mit ihr verbundenen Erwartungen und Hoffnungen erfüllt, hängt ebenfalls ganz wesentlich von den damit verbundenen Verhaltensänderungen der Partner ab. Nur wenn Partner sich ‚aufeinander einstellen' und ihre Alltagspraxis von diesem Leitziel her auch wirklich verändern – wenn also die Ehe auch wirklich ‚vollzogen' wird – kann sie die o.g. Wirkungen zeigen und zur Erfüllung der mit ihr verbundenen Erwartungen führen. Diesen einfachen Zusammenhang gilt es heute angesichts der diffusen öffentlichen Diskussion um den Wert oder Unwert der gesellschaftlichen Institution Ehe wieder neu in Erinnerung zu rufen. Die Leistungsfähigkeit der Ehe hängt also davon ab, inwieweit sie bei den Partnern ‚beziehungsspezifische Investitionen' freisetzt: Ein Sich-Einstellen und Sich-Umstellen auf den Partner und seine spezifischen Wünsche, Erwartungen, Bedürfnisse. Ehen, die keine Investitionen in die Beziehung freisetzen, bleiben dagegen ebenso folgenlos wie Verträge, die zwar geschlossen werden, aber keine Vertragserfüllungsaktivitäten bei den Partnern hervorrufen.

Hier ergibt sich allerdings ein Zirkelschluss: Denn solche beziehungsspezifischen Investitionen legen den Partnern Kosten auf. Um sich auf den Anderen einzustellen, müssen sie sich für ihn und die Beziehung Zeit nehmen, andere Möglichkeiten ausschlagen, auf Liebgewordenes verzichten, bisher Unwichtiges um des Anderen willen wichtiger nehmen, etc. Diese ‚Investitionskosten' werden sie allerdings nur dann auf sich nehmen, wenn sie sich dabei sicher sein können, dass sie auch morgen noch *mit diesem Partner* zusammen sein werden. Denn solche Investitionen sind – genauso wie Investitionen in einen relationalen Vertrag – an *die* Person des Partners gebunden. Geht er auf irgendeine Weise verloren, dann sind auch die Investitionen in die Partnerschaft mit ihm wertlos.

Gerade hier aber zeigt sich der spezifische Wert der Ehe: Denn sie antizipiert bereits jenes dauerhafte Miteinander, das erst noch erarbeitet werden muss. Ehe ist in diesem Sinne ein ‚Entwurf' (D. Mieth). Dieser soll einen Prozess seiner eigenen Verwirklichung in Gang setzen und halten. Die Partner, die vor einem Standesbeamten oder Traualtar stehen, sollen ‚werden, was sie sind': Ehefrau und Ehemann. Im Vertrauen darauf, dass es sich lohnt, weil dieser Partner auch morgen noch präsent sein wird, investieren sie in ihre Beziehung, ‚stellen sich aufeinander ein' und bauen sich eine gemeinsame soziale, ökonomische und kulturelle Welt auf. Sie schaffen sich kulturelles, soziales und wirtschaftliches Kapital. Ehe entfaltet die genannten positiven Wirkungen für die Partner in dem Maß,

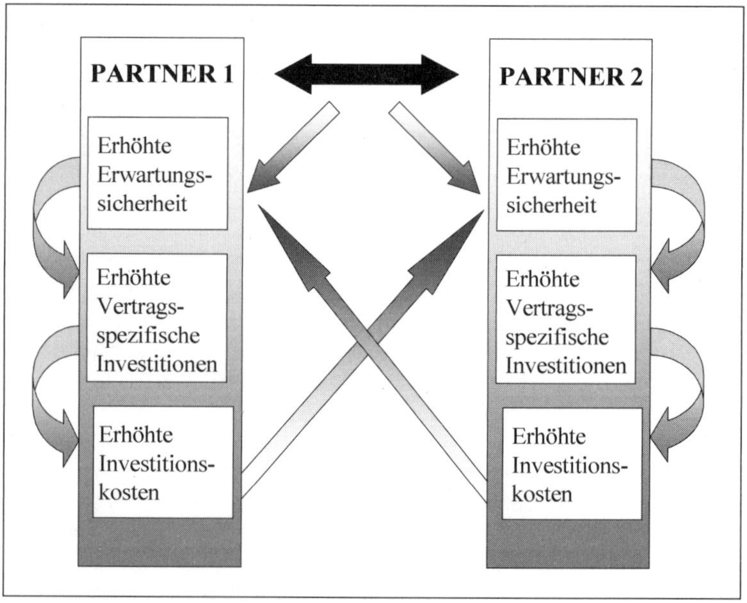

Abbildung 7: Die Ehe als rationaler Vertrag

in dem sie bei diesem Prozess vorankommen. Ehe ist ein sich selbst stabilisierender Prozess, wenn sie die Kräfte dafür mobilisiert. Liebe und Zuneigung zum anderen wie auch Faszination des Entwurfes setzen jene Kräfte frei.

Fehlt dagegen die Möglichkeit einer öffentlichen Selbstbindung als wirkungsvolle ‚Antizipation' dieses Zusammenwachsens, dann droht ein entgegengesetzter, negativer Zirkelschluss, ein ‚circulus vitiosus'. Weil sich die Partner in einer instabilen Beziehung nicht sicher sein können, auch morgen noch mit diesem Partner zusammen zu sein, schrecken sie davor zurück, die ‚Kosten' von Investitionen in diese Beziehung zu tragen. Warum soll man sich mühsam auf jemanden einstellen, wenn man nicht weiß, ob der bzw. die andere auch morgen noch da sein wird? Warum soll man andere Angebote der unterschiedlichsten Art ausschlagen, wenn man nicht weiß, ob die Beziehung nicht sowieso endet, kaum dass das Angebot ausgeschlagen ist? Warum soll man auf Liebgewordenes verzichten oder bisher Unwichtiges wichtiger nehmen? Warum soll man sich der Gefahr der Ausbeutbarkeit aussetzen? Die Zweifel an der Stabilität der Beziehung werden so zur ‚Selffullfilling Prophecy': Weil sie Investitionen der Partner in ihre Beziehung blockieren, kann diese niemals die gleichen Früchte tragen, wie eine mit voller Überzeugung eingegangene Partnerschaft. Man ‚lässt sich frei' und ‚redet sich nicht rein' – und bleibt dabei letztlich allein. Diese Logik erklärt die empirisch feststellbaren Unterschiede zwischen Verheirateten und unehelich zusammenlebenden Paaren auf eindrucksvolle Weise. Sie ist der Referenzpunkt gesellschaftspolitischer Überlegungen zum Schutz der Ehe als sozialer Institution.

Funktionsfähige Ehen als Ressource der Gesellschaft

Der Durchgang durch die skizzierten umfangreichen Befunde hat die zahlreichen Vorteile aufgezeigt, die die Ehe den verheirateten Partnern auch dann bietet, wenn sie – aus welchen Gründen auch immer – kinderlos bleibt. Sie reichen von der größeren sexuellen Befriedigung, die Ehepartner einander geben können, über die gesundheitlichen Aspekte bis hin zu höherem Einkommen und Vermögen. Auch im völlig veränderten Kontext der modernen Gesellschaft ist die eheliche Lebensform attraktiv.

Doch alle diese Überlegungen verlassen noch nicht die Ebene der Wahrnehmung der Ehe als einer privaten Lebensform unter anderen, die Männer und Frauen heute für sich wählen können. Nur an einigen Stellen der Argumentation sind Rückschlüsse auf die Ehe als gesellschaftliche Institution gemacht worden. An ihre Legitimation und Begründung müssen in einer liberalen und wertpluralen Gesellschaft noch wesentlich höhere Anforderungen gestellt werden. So hat es etwa Vorteile für junge Menschen, eine gute Schulausbildung zu erlangen, ein Musikinstrument zu erlernen oder auch mit einem Haustier zusammen zu leben. Doch alle diese Optionen begründen noch keinen legitimen Anspruch, den jeweiligen Alternativen eine besondere gesellschaftspolitische Schutzpflicht zuzusprechen. Warum sollte dies in Bezug auf die Ehe geschehen?

Diese Frage lässt sich auch anders formulieren. Um in einer liberalen Gesellschaftsordnung eine besondere Schutzpflicht gegenüber der Ehe zu begründen, müsste gezeigt werden, dass auch ein – aus welchen Gründen auch immer – lebenslang unverheirateter Zeitgenosse ein Interesse daran hätte, in einer Gesellschaft zu leben, in der es möglichst viele funktionsfähige Ehen gibt. Denn Mittel und Instrumente des grundrechtlichen Schutzes der Ehe müssten von diesen unverheirateten Bürgerinnen und Bürgern mitgetragen werden. Die Prinzipien, unter denen sie erhoben werden, müssten also für diese selbst zustimmungsfähig sein. Lässt sich dieser Anspruch für den grundrechtlichen Schutz der Ehe begründen?

Rolle der Ehe in Erziehung und Bildung

Wir hatten an einigen Stellen der Argumentation gesehen, dass die Ehe nicht nur für die Partner selbst von Bedeutung ist, sondern auch ‚positive externe Effekte' auf Dritte entfaltet. Wer sind solche Dritten?

Da sind – wie im vorletzten Kapitel gesehen – zunächst die Kinder, die in dieser Beziehung aufwachsen. Für sie macht es sehr wohl einen beträchtlichen Unterschied, ob ihre Eltern verheiratet sind oder nicht. Denn Kinder alleinerziehender Mütter und Väter wachsen in vielfältiger Hinsicht unter wesentlich schwierigeren Lebensbedingungen auf. Es kann sein, dass sich ihre alleinerziehenden Eltern aufopfernd und großherzig um sie kümmern – engagierter vielleicht noch als manches Ehepaar. Doch allein die wesentlich härteren Restriktionen, unter denen diese Haushalte leben, machen es weniger wahrscheinlich, dass diese Kinder in gleichem Maße elterliche Zuwendung erfahren und eine genauso erfolgreiche Entwicklung durchlaufen.

Die wachsende Anzahl nichtehelicher Geburten sowie von Kindern und Jugendlichen in Scheidungsfamilien führt zu einer ständigen Verschlechterung des zahlenmäßigen Verhältnisses von Erziehungsberechtigten einerseits und von Kindern und Jugendlichen andererseits. Dieser oft übersehene Befund bedeutet, dass in Deutschland nicht nur sehr wenig Kinder geboren werden, sondern dass darüber hinaus sogar noch weniger Erwachsene mit alltäglichen Erziehungsaufgaben betraut sind. Nicht nur die Quantität der Geburten, sondern auch die Qualität von Erziehung und Bildung – im Sinne von elterlicher Zuwendungen – nimmt ab.

Dies ist auch in den Schulen und Kindertagesstätten deutlich zu spüren, wo Erzieherinnen und Erzieher, Lehrerinnen und Lehrer über immer schlechter ‚vorsozialisierte' Kinder und Jugendliche klagen. Qualität und Quantität elterlicher Zuwendung sind aber nach umfangreichen empirischen Ergebnissen ein entscheidender Faktor auch für das Gelingen von Bildung in den formalen Bildungsinstitutionen Vorschule und Kindergarten, Grundschule, weiterführende Schule und Universität. Wo funktionsfähige Ehen dazu beitragen, dass Familien ihre Erziehungsleistung besser erbringen können, da leisten sie einen wichtigen Beitrag zum ‚Humanvermögen' der Gesellschaft, wie dies der 5. Familienbericht der Bundesregierung von 1994 deutlich formuliert hat.

Einer verantwortlichen Gesellschaftspolitik kann es nicht gleichgültig sein, ob Kinder in vollständigen Familien oder bei Alleinerziehenden aufwachsen. Sie hat von den dargestellten empirischen Befunden her eine Berechtigung, die eheliche Verbindung insbesondere auch von Eltern zu fördern. Damit schränkt sie die private Entscheidungsfreiheit nicht ein. Aber sie signalisiert den Paaren doch, dass – je nachdem welche Lebensform sie wählen – unterschiedliche Folgekosten für das gesellschaftliche Umfeld entstehen und konfrontiert sie (zumindest ansatzweise) in der Entscheidungssituation damit.

Angesichts dieser unterschiedlichen Folgekosten liegt die eigentliche Diskriminierung also nicht darin, gleiches ungleich, sondern ungleiches (also Ehe und ehelose Elternbeziehung) gleich zu behandeln. Wenn Eltern ihren Kindern durch eine eheliche Bindung Sicherheit und bessere Lebenschancen geben, dann sollte dies auch in einem weltanschaulich neutralen Gemeinwesen unterstützt und gefördert werden. Es stellt hier im internationalen Vergleich eine Kuriosität dar, dass in Ländern wie den USA, die aufgrund einer liberalen Scheidungsgesetzgebung noch höhere Scheidungsquoten haben als Deutschland, mittlerweile parteienübergreifend ein Umdenken stattfindet, während in Deutschland faktisch genau in die Gegenrichtung gesteuert und bestehende Instrumente des Schutzes der Ehe abgebaut werden sollen.

Eheliche Solidarität als ‚soziales Kapital' in der Sozialversicherung

Auch andere gesellschaftliche Gruppen profitieren direkt oder indirekt von funktionsfähigen Ehen. Die stärkere Verbindlichkeit im Familienkreis, die mit einer ehelichen Verbindung besteht, begünstigt Angehörige aller Generationen, die sich eines aktiveren Unterstützungsnetzwerkes erfreuen können. In einem Land wie Deutschland, das extreme Alterungsprozesse vor sich hat und in dem Alterseinsamkeit zum Massenphänomen zu werden verspricht, ist auch die Bedeutung dieses Faktors nicht zu vernachlässigen. Auch Alleinerziehende profitieren von einer stabilen ehelichen Verbindung einer Schwester oder eines Bruders, die sie in ihrer Erziehungsarbeit unterstützen kann.

Aus gesellschaftspolitischer Perspektive sind über solche direkt oder indirekt Beteiligte hinaus auch noch weitere Betroffene zu nennen, die vom ‚sozialen Kapital' bestehender Ehen und Familien profitieren. Das deutsche Gesundheits- und Sozialsystem hat die Kosten gesundheitlicher Krisen in hohem Masse sozialisiert und ‚verstaatlicht'. Dadurch wirken sich die genannten gesundheitlichen Vorteile von Ehepartnern positiv auf die Finanzlage der Krankenkassen und Sozialversicherungsträger aus. Eine bessere Krankheitsprävention in der Ehe (aufgrund gesünderer Ernährung und Lebensweise) führt zu weniger Arztbesuchen. Bessere Pflege und Sinnstiftung in Krisensituationen verkürzen stationäre Aufenthalte in Krankenhäusern. Verheiratete werden öfter kostengünstig zu Hause gepflegt als in Alten- und Pflegeheimen. Um solche Kostenunterschiede zu messen, müsste man allerdings zwei vollständige Biografien miteinander vergleichen, weil die Masse der Kosten in beiden Fällen am Lebensende anfällt und die älteren Jahrgänge noch überwiegend verheiratet sind. Schließlich spielt im deutschen Sozialversicherungssystem noch ein anderer Faktor eine Rolle: Aufgrund der höheren beruflichen Leistungsfähigkeit von Verheirateten zahlen diese gegenwärtig auch einen höheren Beitrag in die Kassen ein und tragen damit zur Stabilität des Systems bei.

Die kostenlose Mitversicherung des nicht berufstätigen Ehepartners in der Gesetzlichen Krankenversicherung lässt sich auch als ‚Generalkompensation' für derartige unmittelbar monetär wirksame Leistungen von Verheirateten an das Gesundheitssystem begreifen. Wird sie abgeschafft, dann wäre sie zumindest durch ein Prämiensystem für Verheiratete zu ersetzen.

Die Befunde zum Einkommen und Vermögen Verheirateter haben nicht nur für diese selbst, sondern auch für die Sozialversicherungssysteme Bedeutung. Das Vermögen von Eheleuten wächst mit jedem Jahr, in dem sie verheiratet sind, stärker als das Vermögen gleichaltriger Singles oder auch unverheirateter Paare. Ein verheiratetes Paar benötigt – wie erwähnt – nur 30 Prozent mehr Einkommen als eine Einzelperson, um ein Abrutschen in Armut zu vermeiden. Verheiratete laufen also wesentlich weniger Gefahr, unter die Armutsgrenze zu sinken, als Singles. Hinzu kommen niedrigere Versicherungskosten, da sich verheiratete Partner sozusagen gegenseitig versichern, indem sie füreinander einstehen.

Dies alles hat eine unmittelbare sozialpolitische Qualität insbesondere für sozial schwache Bevölkerungsteile. Sie können sich zu ihren wachsenden Belastungen aus der staatlichen Rentenversicherung nicht noch zusätzlich eine private ‚Riester-Rente' leisten. Kaum ein Angehöriger der unteren Lohngruppen wird in vollem Umfang in den Genuss der staatlichen Zulagen kommen, weil er den dazu nötigen Ansparbetrag nicht aufbringen kann. Doch diese Gruppen sind ganz besonders von Altersarmut bedroht.

Kinder sind – wie dies der Entwicklungsökonom und Nobelpreisträger der Ökonomie (1979) Theodore Schulz prägnant ausgedrückt hat – in den meisten Ländern der Welt das ‚Kapital des kleinen Mannes' (‚the poor man's capital'). In gleicher Weise sind funktionsfähige Ehen, die auch über Krisen hinweg Bestand haben, die ‚Versicherung des kleinen Mannes'. Gerade sozial schwache Gruppen würden also profitieren, wenn es durch gesellschaftspolitische Rahmenbedingungen und Hilfen gelingen würde, die Scheidungsrate zu senken und mehr bestehende Ehen zu retten. Gerade dies würde ‚Vermögensbildung in Arbeitnehmerhand' ermöglichen. Zudem wäre ein solch aktiver Ehe-Schutz Ausdruck einer ‚ordnungspolitischen' Herangehensweise in der Tradition sozialer Marktwirtschaft, die die eigentlichen Sicherungspotenziale nicht in staatlicher Universalversorgung sondern in der Selbsthilfe und Bindungsfähigkeit des Menschen selbst sieht.

Die Ehe als Motor beruflicher Leistungsfähigkeit und allgemeiner Lebenszufriedenheit

Nach umfangreichen empirischen Forschungsergebnissen haben verheiratete Partner im Durchschnitt eine höhere Lebenserwartung und -zufriedenheit. Sie sind beruflich leistungsfähiger und erfolgreicher. Die Institution Ehe verhilft als ‚kulturelles Kapital' zahlreichen Männern und Frauen dazu, ein gelingendes Leben zu führen und ihre Lebensziele zu verwirklichen. Das umfasst auch die Überwindung von Krisensituationen und Phasen hoher beruflicher oder persönlicher Belastungen. Gerade in diesen Lebensabschnitten wird deutlich, dass auf sich selbst gestellte Individuen durchschnittlich nicht die gleiche Lebenstüchtigkeit entwickeln wie Paare.

Auch dieser Aspekt der Ehe bleibt nicht ohne Auswirkungen auf andere Gruppen. Hier sind etwa die Arbeitgeber und Kollegen zu nennen, die von einer kontinuierlicheren Leistungsfähigkeit und Berechenbarkeit der verheirateten Arbeitnehmerinnen und Arbeitnehmer profitieren. Die Bedeutung der Ehe für den Erhalt der Leistungsfähigkeit breiter Bevölkerungsschichten wie auch der Eliten wird man gar nicht unterschätzen dürfen. Sie ist ein bedeutender Bestandteil des kulturellen und sozialen Kapitals eines Landes.

Die Ehe ist ein zentrales Instrument zur Steigerung der Lebensqualität der Bürgerinnen und Bürger. Eine Gesellschaft, die über diese Institution nicht mehr verfügt oder sie verfallen lässt, weil sie ihren Wert nicht mehr begreift oder nicht mehr zu vermitteln versteht, wäre eine kulturell verarmte Gesellschaft mit einer wesentlich geringeren Lebensqualität.

Ist auch die eingetragene Lebenspartnerschaft gleichgeschlechtlicher Partner eine Ressource der Gesellschaft?

Die Vorteile einer festen Bindung zwischen zwei Lebenspartnern für sie selbst und ihr soziales Umfeld sind zuletzt nicht in Zusammenhang mit der Ehe öffentlich diskutiert worden. Vielmehr sind sie am Rande der Diskussion um die eingetragene Lebenspartnerschaft gleichgeschlechtlicher Partner thematisiert worden, als diese Eingang in die Rechtsordnung gefunden hat. Dies wirft die grundsätzliche Frage auf, ob sich die für die Ehe dargestellten Vorteile nicht auch auf entsprechende Lebenspartnerschaften übertragen lassen. Sind nicht auch sie eine ‚Ressource der Gesellschaft', weil und insofern sie im Gesundheitssystem Kosten sparen, höhere Leistungsbereitschaft und Zufriedenheit schaffen etc.?

Empirisch kann man diese Frage aus heutiger Sicht nicht ausreichend beantworten. Das gilt zunächst im Hinblick auf die Beziehungsqualität. Da es die eingetragene Lebenspartnerschaft als Institution erst seit wenigen Jahren gibt, lässt sich noch nicht untersuchungsgestützt entscheiden, ob sie in vergleichbarer Weise als Mechanismus öffentlicher Selbstbindung zu wirken und in diesem Sinne ‚Investitionen der Partner' in ihre Beziehung zu begründen vermag. Halten Partnerschaften in eingetragenen Lebensgemeinschaften länger als bloße Wohngemeinschaften unter Lebenspartnern? Wenn dies der Fall sein sollte, ergeben sich folgende Anschlussfragen: Liegt es daran, dass nur einander langfristig verbundene Lebenspartner sich eintragen lassen? Trägt die Eintragung selbst zur dauerhaften Verbindlichkeit bei? Aus gesellschaftspolitischer Sicht wäre letzteres sicherlich als Indiz für eine gewisse Regulierungsfunktion der Eintragung zu werten.

Zugleich stellen sich aber auch Fragen auf grundsätzlicher Ebene. Finden in gleichgeschlechtlichen Partnerschaften über Jahrzehnte hinweg vergleichbare Prozesse der wechselseitigen Stützung, der wohlwollenden ‚Einrede', der finanziellen Solidarität, der Sinngebung statt, wie dies für Ehen auf vielfältige Weise belegt ist? Stellt sich die Einkommens- und Vermögenssituation von gleichgeschlechtlichen Paaren nach mehreren Jahrzehnten ähnlich günstig dar, so dass sich entsprechende sozialpolitische Vorteile ergeben würden? Empfinden die Partner einer gleichgeschlechtlichen Beziehung eine höhere Lebenszufriedenheit und seelische Ausgeglichenheit genauso wie Partner in der Ehe? Gibt es eine der ‚Ehe-Prämie' verheirateter Männer vergleichbare Besserstellung formal gebundener Partner?

Dabei geht es hier wie dort jeweils nicht um Einzelfälle, sondern um den statistischen Durchschnitt von Massenverhalten. Wie langfristig ist die durchschnittliche gleichgeschlechtliche Lebenspartnerschaft innerhalb und außerhalb von eingetragenen Partnerschaften? Solche Fragen sind im Umfeld der Einführung der eingetragenen Lebenspartnerschaft kaum öffentlich gestellt und diskutiert worden. Sie wären aber – auch im internationalen Vergleich – zu stellen, wenn man die Berechtigung und mögliche Weiterentwicklung der gleichgeschlechtlichen Lebenspartnerschaft mit der notwendigen gesellschaftspolitischen Verantwortlichkeit entscheiden will. Sie würden zudem ganz erheblich zur Rationalisierung der öffentlichen Diskussion um diese Fragen beitragen.

Schon heute scheint sich abzuzeichnen, dass das vor einigen Jahren heiß diskutierte neue Rechtsinstitut keineswegs jenen massenhaften Anklang bei gleichgeschlechtlichen Paaren gefunden hat, wie das im Vorfeld teilweise vermutet worden ist. Es erfasst einen weitaus kleineren Anteil der gleichgeschlechtlich orientierten Bürgerinnen und Bürger. Eine auch schon rein quantitativ der Ehe vergleichbare Bedeutung der eingetragenen Lebenspartnerschaft als regulierende Institution wird man kaum feststellen können.

Umgekehrt hat aber die Einführung der eingetragenen Lebenspartnerschaft als solche auch kaum zur Schwächung der gesellschaftlichen Rolle der Ehe beigetragen, wie dies ihre Gegner seinerzeit angekündigt haben. Eine solche negative Konsequenz würde allerdings dann wahrscheinlicher, wenn diese Lebensform wie etwa in Frankreich auch für heterosexuelle Partner ‚geöffnet' würde (‚Ehe light'). Dann stände in der Tat eher zu befürchten, dass es zu einer schleichenden Verdrängung und Schwächung der Ehe kommt – mit entsprechenden negativen gesellschaftspolitischen Wirkungen. Aussagekräftige empirische Untersuchungen der Entwicklung in anderen europäischen Ländern liegen aber auch hier – wegen der Kürze des möglichen Untersuchungszeitraums – noch nicht vor.

Legitim, weil nützlich? – Überlegungen zum sozialethischen Stellenwert des Vorgetragenen

Seitens der konservativen Gegner des neuen Rechtsinstituts der eingetragenen Lebenspartnerschaft wie auch vieler Verteidiger der Einzigartigkeit der Ehe wird die hier vorgelegte funktionale Argumentation auch deshalb abgelehnt, weil sie gerade dies fürchten: Andere Lebensformen könnten sich in gleicher Weise als fruchtbar für die Partner wie auch die Gesellschaft insgesamt erweisen – und damit als legitimiert gelten. Mit einer normativen Argumentationsweise, die sich auf empirische Tatsachen und Zusammenhänge überhaupt erst gar nicht einlässt, ist man diesbezüglich scheinbar auf der sichereren Seite. Der ‚schwankende Grund' der Empirie scheint vielen dagegen zu unsicher zu sein, um die Unumstößlichkeit einer Argumentation zu begründen. Sie müssen ihre Wertüberzeugungen ‚eine Ebene höher' fundieren, um nicht irgendwann durch geschichtliche Entwicklungen überholt zu werden.

Hier wird man – auch in der Tradition des Philosophen J. Rawls und anderen – sorgfältig unterscheiden müssen zwischen bestimmten religiös oder philosophisch fundierten Wertsystemen und Ethiken einerseits und der Ordnung einer liberalen Gesellschaft und ihrer Begründung andererseits. Innerhalb einer Glaubensgemeinschaft oder Gruppe von Gleichgesinnten wird man die Gültigkeit von Werten und kulturellen Mustern nicht aus wissenschaftlichen Forschungsergebnissen oder empirisch nachweisbaren Zusammenhängen ableiten. Diese sind in der Tat auf der Ebene der Normbegründung kein (Gegen-)Argument. Wer andererseits meint, eine Glaubensüberzeugung mit empirischen Mitteln widerlegen zu können, der begeht einen ‚Gagarin-Fehler'. Jury Gagarin war der erste russische Kosmonaut im All. Nach seiner Rückkehr vom Raumflug wurde er von Nikita Chruschtschow befragt, ob er Gott gesehen habe, und verneinte. Beide – Gagarin wie sein kommunistischer Parteichef – verstanden diese empirische Beobachtung als Argument gegen die Existenz Gottes. Sie versuchten, empirische Beobachtungen gegen Glaubensaussagen auszuspielen. Das dürfte weder die Gläubigen noch die Ungläubigen überzeugt haben.

Für die katholische Kirche etwa leitet sich die Würde und Bedeutung der Ehe nicht aus empirisch nachweisbaren Korrelationen zu einer höheren Lebenserwartung, höheren Zufriedenheit, besseren Gesundheit etc. ab, sondern aus dem Glauben an ihre Sakramentalität und göttliche Stiftung. Die Existenz Gottes aber lässt sich mit empirischen Befunden – etwa seiner fehlenden Beobachtbarkeit bei Raumflügen – ebenso wenig widerlegen wie die Einzigartigkeit und Sakramentalität der Ehe.

Auch eine freiheitliche Gesellschaft ist jenseits aller wissenschaftlichen Forschung auf die begründende Kraft von Wertegemeinschaften und religiösen Überzeugungen angewiesen. Dies hat auch die philosophische Diskussion der vergangenen Jahrzehnte bis hin zu J. Rawls und J. Habermas wieder neu in Erinnerung gerufen. Zwar formulieren diese Glaubensgemeinschaften schon längst nicht mehr eine kulturprägende Mehrheitsmeinung. Doch entfaltet das in ihren Wertesystemen gespeicherte Orientierungswissen doch überall dort seine Wirkung, wo angesichts neuer Entwicklungen und erweiterter Handlungsmöglichkeiten ethisches Neuland erschlossen und vermessen werden muss (wie etwa in der laufenden bioethischen Diskussion).

Die Auseinandersetzung mit wissenschaftlichen Forschungsergebnissen wird überall dort notwendig, wo im öffentlichen Raum einer wertpluralen Gesellschaft über gesellschaftspolitische Institutionen und ihre Weiterentwicklung entschieden wird. Hier kann die Überzeugung von der Sakramentalität, göttlichen Stiftung oder naturrechtlichen Fundierung der Ehe bestenfalls eine Suchrichtung (Heuristik) für weitere Argumente anzeigen, nicht aber selbst schon die Hauptlast der Argumentation tragen (K. Homann). Denn diese Überzeugungen können heute im modernen Gemeinwesen weniger denn je als allgemein geteilte Normen gelten. Sie stellen damit keine geeignete Grundlage für einen gruppenübergreifenden Konsens dar. Eine Argumentation von gemeinsam geteilten Grundlagen her aber ist notwendig. Denn der demokratische Entscheidungsprozess darf nicht (in der Tradition von Carl Schmitt u.a.) mit einem Machtkampf zwischen konkurrierenden Weltanschauungsgruppen verwechselt werden. Die moderne Gesellschaft führt vielmehr eine eigene Diskussion über diese Fragen und verfügt dabei auch über eigene öffentliche Plattformen und Rationalitätsstandards. Dabei spielen funktionale Analysen sozialwissenschaftlicher und ökonomischer Forschung ebenso eine Rolle wie Fragen der kulturellen Kohärenz mit dem bestehenden Werte- und Institutionensystem einer Gesellschaft etc. So sollte ein grenzüberschreitender Markt für Organe auch dann nicht eingeführt werden, wenn er deren Verfügbarkeit zu günstigen Preisen erhöhen würde. Denn ein solcher Markt steht im Widerspruch zu unserem Verständnis von Menschenwürde. Auch im Bereich staatlichen Handelns sind also empirisch nachweisbare Funktionszusammenhänge nicht alles; aber sie formulieren doch gewichtige Argumente, mit denen man sich zumindest auseinander setzen muss.

Weder seriöse sozialwissenschaftliche Wirkungsanalysen noch Kohärenzüberlegungen mit unserem bisherigen Wertesystem waren m.E. ausreichend, um die Einführung der eingetragenen Lebensgemeinschaft als Rechtsinstitut vor einigen Jahren hinreichend zu begründen. Sie ist trotzdem geschehen. Bei weiteren Entscheidungen auf diesem Gebiet sollte künftig rationaler vorgegangen werden – im Sinne einer ‚Politikfolgenabschätzung' für die betroffenen Menschen wie auch ihr gesellschaftliches Umfeld. Daran maßgeblich mitzuwirken ist die besondere Aufgabe der gesellschaftspolitischen Forschung.

Noch einmal: Schutz der Ehe als Aufgabe des Staates?

Wie weit reicht der Arm des Staates?

Es lässt sich jenseits bestimmter Moralsysteme begründen, dass ein weltanschaulich neutraler Staat, der seinen Bürgerinnen und Bürgern aus guten Gründen keinerlei Vorschriften mehr machen will, die Ehe als Institution seiner Rechtsordnung unter besonderen Schutz stellen sollte.

Akzeptiert man diese Begründung, dann stellt sich allerdings die eingangs bereits formulierte Frage in neuer Dringlichkeit. Denn selbst wenn man Ehe-Förderung als legitimes Ziel akzeptiert, so heißt dies noch lange nicht, dass der Staat dafür überhaupt wirksame Instrumente zur Verfügung hat. ‚Ultra posse nemo obligatur:': Über seine Möglichkeiten hinaus kann niemand – und auch nicht der Staat – verpflichtet werden. Wie aber kann der Staat und die Rechtsordnung auf das Heiratsverhalten seiner Bürgerinnen und Bürger Einfluss nehmen?

Diese Bedenken ähneln dem in den 80er- und 90er-Jahren geäußerten Einwand gegen eine stärkere Familienförderung in der Politik. Neben der Warnung vor einer nationalsozialistischen Bevölkerungspolitik unseligen Angedenkens wurde vor allem angeführt, man könne in der Sache politisch sowieso nichts machen und brauche sie daher gar nicht erst auf die Agenda zu setzen. Dem Autor dieser Zeilen steht noch eine entsprechende Äußerung von Bundeskanzler Kohl aus den 90er-Jahren vor Augen, er (also die Bundesregierung) könne nun wirklich nicht auch noch dafür verantwortlich gemacht werden, dass die jungen Leute keine Kinder mehr haben wollten. Eine ähnliche Meinung vertrat in einer Diskussion auch der dem Erstgenannten sonst kaum nahestehende SPD-Bildungspolitiker Peter Glotz. Auch von ihm wurde politische Untätigkeit in dieser Angelegenheit damit begründet, dass staatliche Regelungen auf das private Verhalten in den Familien keinerlei Auswirkungen zeigen würden. Wissenschaftlich gesagt, erschien der Geburtenrückgang diesen Beobachtern als ‚politik-exogener Faktor' – als nicht beeinflussbare Landplage, die über uns kommt wie ein Erdbeben oder eine bisher unbekannte Seuche.

Es stellt eine unbestreitbare Leistung der bevölkerungspolitischen Diskussionen der jüngeren Vergangenheit dar, dass solche Positionen als überholt gelten können. Wir wissen heute (und schon ein flüchtiger Vergleich mit anderen entwickelten Gesellschaften wie Frankreich zeigt dies), dass eine aktive Familienpolitik mit bevölkerungspolitischer Orientierung durchaus Früchte trägt, wenn auch langfristig und vermittelt über die Veränderung der Kultur und der Lebensgewohnheiten der Bürgerinnen und Bürger. Es steht durchaus in der Macht der Politik, das Verhalten (potenzieller) Eltern durch die Gestaltung entsprechender Rahmenbedingungen (z.B. bessere Vereinbarkeit von Familie und Beruf, konsequente sozialpolitische Unterstützung großer Familien) langfristig zu verändern. Demokratische Politik kann zwar (glücklicherweise) nicht selbst ‚Kinder produzieren'. Aber sie kann im Sinne des Konzepts der Ordnungspolitik durch Gestaltung eines entsprechenden Rahmens ‚Investitionen in Kinder' fördern. Das gilt vielleicht noch stärker auf regionaler und kommunaler Ebene, wo entscheidende Lebensbedingungen für Familien geschaffen werden. Sich selbst für unfähig zu erklären, ist dann keine Entschuldigung mehr für eine rein kosmetische Familienpolitik. Die dahinter stehenden politischen Prioritäten müssen schon offen ausgewiesen werden.

Doch hier endet auch schon die Parallelität zu einer möglichen Diskussion um die Wirkmächtigkeit staatlicher Bemühungen zum Schutz der Ehe. Denn wir haben es zunächst mit jahrzehntelang politisch gewollten Instrumenten zu tun, die nun angesichts der Finanznöte in die Kritik geraten – wie das Ehegattensplitting oder auch die beitragsfreie Mitversicherung des nicht berufstätigen Ehepartners. Hier stellt sich die Frage: Wenn diese Instrumente schon die eingangs referierten stark anschwellenden Scheidungszahlen nicht beseitigen konnten, würde dann ihre Abschaffung überhaupt einen Unterschied machen?

Eine ähnliche Frage stellt sich im Zusammenhang mit einem liberalisierten Scheidungsrecht. Die Reform des Eherechts im Sinne eines Abgehens vom Schuldprinzip in den 70er-Jahren ging ganz offensichtlich mit einer Steigerung der Scheidungszahlen einher. Dabei ist strittig, ob das neue Scheidungsrecht ursächlich für diese Entwicklung war oder lediglich ihr Ausdruck ist. Eine amerikanische Längsschnittstudie lässt den Rückschluss zu, dass der Übergang zu einer Scheidung auf Verlangen knapp 20 Prozent der Steigerungsrate der Scheidungen im Zeitraum zwischen 1968 und 1988 verursacht hat.

Wie aber können sich Veränderungen der rechtlichen Struktur der Ehe überhaupt auf Scheidungsraten etc. auswirken? Überschätzen derartige Überlegungen nicht die Reichweite der Politik drastisch?

Verschlechterter Ehe-Schutz kann Ehen ‚aus dem Gleichgewicht' bringen

Wir haben oben die Ehe als einen sich selbst stabilisierenden Mechanismus verstanden. Durch den Vorgriff auf eine voll entwickelte Partnerschaft in der Ehe entsteht wechselseitige Erwartungssicherheit als Basis für ‚Investitionen in die Partnerschaft'. Erst durch dieses ‚sich-Aufeinander-Einstellen' kommt eine eheliche Lebensgemeinschaft zur Reife. Bleiben dagegen die Investitionen aus, weil das Vertrauen in die Stabilität der Partnerschaft nicht da ist oder sinkt, dann erreichen die Partner auch nur eine geringere Lebenszufriedenheit.

Diese Tendenz bedingt, dass schon kleine Änderungen in den Rahmenbedingungen einen Anpassungsprozess auslösen können, der weitreichende Konsequenzen für die Qualität der bestehenden Ehen haben kann. Er bringt sie ‚aus dem Gleichgewicht'. Steigt etwa die Wahrscheinlichkeit einer Scheidung auch nur ein wenig, so sinkt die Bereitschaft, weiter in die eheliche Beziehung zu investieren. Dadurch verschlechtert sich die Qualität der Partnerschaft, die Partner gehen (noch) stärker ihrer Wege etc. Auch wenn der kleine Zweifel am Anfang die eheliche Partnerschaft nicht hätte gefährden können, so geschieht dies doch durch die veränderte Dynamik und durch die neue Richtung, die in seiner Folge eingeschlagen wird.

Dieser Zusammenhang erhöht die Bedeutung von Veränderungen im gesellschaftspolitischen Rahmen des Eherechts ganz erheblich. Der Familienökonom J. S. Gray hat in einer vergleichenden Studie in den US-Bundesstaaten die Konsequenzen von Regelveränderungen im Eherecht untersucht. Nahezu die Hälfte der Bundesstaaten sind in den 80er-Jahren des 20. Jahrhunderts zu einem Scheidungsrecht übergegangen, das durch die Zulassung auf Verlangen praktisch alle rechtlichen Barrieren beseitigt hat. Die Wissenschaftler haben nun die Auswirkungen dieser rechtlichen Veränderungen auf die Qualität der Ehen untersucht. Als Indiz dafür galt ihnen die ‚Ehe-Prämie', die verheiratete Männer auf dem

Arbeitsmarkt gegenüber ihren unverheirateten Kollegen erreichen konnten. Hinter dieser ‚Ehe-Prämie‘ – so die Annahme – steht letztlich die Investition der Ehefrauen in die Arbeitskraft ihrer Ehemänner (Verzicht auf eigene berufliche Mobilität, ‚Coaching‘ des Partners etc.). Das Ergebnis dieser Untersuchungen bestätigte die Arbeitshypothese der Wissenschaftler eindeutig: In jenen Bundesstaaten, die die Scheidung erleichtert hatten, sank im Untersuchungszeitraum die ‚Ehe-Prämie‘ der Männer am Arbeitsmarkt, während sie in den anderen Bundesstaaten unverändert blieb.

Die Einführung einer ‚Scheidung auf Verlangen‘ hat die Wahrscheinlichkeit einer folgenlosen Trennung ohne bedeutende Unterhaltsansprüche deutlich erhöht. Frauen investierten deshalb jetzt nicht mehr in gleichem Maße in die Beziehung. Sie konnten sich nicht mehr so sicher sein, davon auch wirklich selbst zu profitieren. Der Vorteil der ehelichen Beziehung für beide Geschlechter (gemessen an der ‚Ehe-Prämie‘ der Männer auf dem Arbeitsmarkt, die die zusätzlichen Verdienstmöglichkeiten der Frauen in der Regel übersteigt) sank stark ab. Dies wiederum verstärkt die Scheidungswahrscheinlichkeit.

Die Veränderung des rechtlich-institutionellen Rahmens kann also sehr wohl das Verhaltensgleichgewicht einer ehelichen Beziehung verschieben. Sie verändert damit die Ehe-Kultur eines Landes. Werden die Hürden für eine Scheidung eingeebnet, dann steigt das Risiko für den finanziell schwächeren Partner (also meistens die Frauen), schlechter behandelt oder gar ‚sitzen gelassen‘ zu werden. Es stellt eine durchaus verständliche Anpassung an diese veränderten Rahmenbedingungen dar, in dieser Situation erst einmal stärker an sich selbst und weniger an das Fortkommen des Anderen zu denken. Für immer mehr Paare steht nicht mehr zuerst die Mehrung ihrer gemeinsamen Vorteile im Vordergrund. Sie fragen sich, wie das Gemeinsame gegebenenfalls zwischen ihnen aufgeteilt würde. Das Verhältnis der Partner verschlechtert sich durch diesen Perspektivenwechsel, die Bereitschaft zu einseitigen Vorleistungen und Investitionen in die Beziehung sinkt. Das führt zu dem o.g. Rückgang der ‚Ehe-Prämie‘, die wiederum die Scheidungswahrscheinlichkeit erhöht etc.

Die Konstellation in Ehe und Familie ähnelt hier von der Struktur her einem Team oder Club, der gemeinsam Erträge erwirtschaftet. In jedem Team gibt es dabei zwei mögliche Perspektiven der Zusammenarbeit. Die

Eine ist die *gemeinsame* Wahrnehmung, die auf die Mehrung des Gruppenertrags abzielt, weil sie darauf vertraut, dass der Erfolg im Endeffekt auch allen Vorteile bringen wird. Die Andere ist die individuelle Perspektive, die auf die interne Verteilung des gemeinsamen Ertrages abzielt. Dominiert diese letztere die Kultur im Team, dann fällt der gemeinsame Ertrag deutlich geringer aus, weil einzelne Partner weniger bereit sind, einseitige Vorleistungen zu erbringen und in einen höheren Gruppenertrag zu investieren. Es herrscht ein grundsätzliches Misstrauen. Aufgabe von Führungskräften ist es, die Teamperspektive dadurch zu stärken, dass intern eine ‚gerechte' Verteilung sicher gestellt und damit Vertrauen aufgebaut wird. Verliert ein Team das Vertrauen an das Gemeinsame und nimmt in diesem Sinne einen Perspektivenwechsel vor, dann sinkt der Gruppenertrag gravierend: ein Alptraum für jeden Fussballtrainer oder Manager.

Vergleichsweise kleine Veränderungen des rechtlichen Rahmens können die Stabilität bestehender Beziehungen massiv verschlechtern. Denn sie entfalten nicht nur eine eigene Wirkung, sondern auch einen Multiplikatoreneffekt, weil sie die dominante Selbstwahrnehmung des Paares und damit das Verhalten der Partner zueinander verändern. Die mit der Ehe als Institution ermöglichte Selbstbindung wird unglaubwürdig, wenn sie

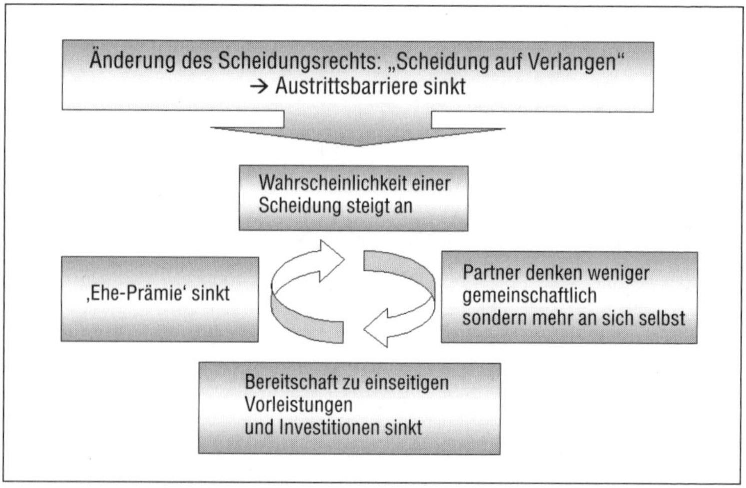

Abbildung 8: Multiplikatoreneffekt von verschlechterten Rahmenbedingungen

jederzeit kostenlos widerrufen werden kann. Damit verliert sie auch ihre Wirksamkeit auf das Verhalten der Partner. Denn gerade am Anfang ihrer Ehe oder in Krisensituationen werden diese nicht mehr im gleichen Umfang auf die Stabilität ihrer Partnerschaft vertrauen. Sie investieren dann nicht mehr wie bisher in ihre Beziehung. Damit sind natürlich keine Aussagen über Einzelfälle gemacht, sondern es geht (wie immer in den Sozialwissenschaften) um Tendenzaussagen im Hinblick auf Massenverhalten.

Es bleibt festzuhalten: Verschlechterungen der rechtlichen Rahmenbedingungen für bestehende Ehen sind – vermittelt über eine veränderte Ehe-Kultur – durchaus geeignet, die Verhaltensweisen der Partner zueinander zu verändern und damit die durchschnittliche Ehe-Qualität zu verschlechtern bzw. die Scheidungshäufigkeit zu erhöhen. Solche Gesetzesänderungen gefährden letztlich auch die Früchte stabiler Ehen, also positive externe Effekte auf das Gesundheits- und Sozialsystem, auf die Lebenszufriedenheit und Motivation von Arbeitnehmerinnen und Arbeitnehmern etc. Derartige Veränderungen sind auch im weltanschaulich-pluralistischen Staat nicht im langfristigen Interesse der Bürgerinnen und Bürger, weder der Verheirateten noch der Unverheirateten.

Eine andere Konsequenz von Verschlechterungen des gesetzlichen Ehe-Schutzes ist die abnehmende Bereitschaft unverheirateter Paare, überhaupt noch eine Ehe einzugehen, weil die durchschnittliche Qualität der Ehen sinkt und sich die Attraktivität auf Dritte weiter verschlechtert. Die Ehe macht immer weniger einen Unterschied, es gibt immer weniger Gründe zu heiraten. Dies hat etwa die Entwicklung in Schweden gezeigt, wo der Gesetzgeber die Rechtswirkungen der Ehe gegenüber ehelosen Partnerschaften fast vollständig beseitigt hat. Als Folge davon ist die Zahl der Ehen sehr stark gesunken. Die Zahl der unehelichen Kinder ist auf über 50 Prozent gestiegen.

Die in Deutschland geplante weitere Individualisierung des Sozialrechts und die schrittweise rechtliche Einebnung der Institution Ehe würde sich ihrerseits als Zwischenschritt zur (weiteren) Individualisierung der Gesellschaft erweisen. Die Folgekosten dieser Entwicklung für Kinder, Partner und Gesellschaft wären beträchtlich.

Wie wirken Ehegattensplitting und beitragsfreie Mitversicherung?

Damit lässt sich auch die Wirkung der gegenwärtig kontrovers diskutierten Regelungen zum Ehegattensplitting und zur beitragsfreien Mitversicherung verstehen. Für sich genommen, erscheint die Abschaffung beider kaum geeignet, einen messbaren Effekt auf bestehende Ehen zu entfalten. Das ist wohl auch der Grund, warum Politikerinnen und Politiker heute schnell bereit zu sein scheinen, diese Instrumente zu opfern, um ihren finanziellen Spielraum etwa zur Familienförderung zu erhöhen.

Dabei bleibt allerdings unberücksichtigt: Beide entfalten nicht nur fiskalische, sondern auch gesellschaftspolitische Steuerungswirkungen. Denn sie sind geeignet, den gemeinsamen ‚Teamertrag' der Partner zu erhöhen. Sie verstärken intern die gemeinsame Perspektive. Eine weitere Individualisierung des Sozial- und Steuerrechts trägt dagegen einen genau entgegengesetzten Impuls in die ‚Ehe-Landschaft' ein. Durch eine Ausdünnung der rechtlichen Konsequenzen der Ehe verliert diese ihre verhaltenssteuernde Kraft, mobilisiert weniger ‚beziehungsspezifische Investitionen' und bringt die Institution Ehe aus dem Gleichgewicht. In Bezug auf die Gesundheit läuft eine ersatzlose Abschaffung der beitragsfreien Mitversicherung zudem auf eine Enteignung jener kostensenkenden Leistungen hinaus, die Eheleute aufgrund ihrer Solidarleistungen aneinander für das System als Ganzes erbringen.

Diesem Argument wird seitens der ehe-kritischen Kräfte, insbesondere von feministischer Seite, entgegengehalten, dass sowohl beitragsfreie Mitversicherung als auch Ehegattensplitting letztlich einer Ausbeutung der Frauen Vorschub leisten. Denn das System bestraft den Wiedereinstieg des Partners mit einem geringeren Verdienst nach einer Kinderpause. Mit dem Wiedereintritt ins Berufsleben würde ja der bislang nicht berufstätige Partner (in der Regel die Ehefrau) die Vorteile aus der beitragsfreien Mitversicherung verlieren, denn sie muss sich ab einer gewissen Verdiensthöhe selbst versichern. Hinzu kommt, dass die Partner in dem Maße, in dem sich ihre Gehälter annähern, auch die Vorteile des Ehegattensplittings verlieren. Vom Ehegattensplitting profitieren ja vor allem solche Paare, die einen möglichst großen Unterschied in ihrem Erwerbseinkommen haben. Beide Effekte zusammengenommen sind oft entscheidend, um den Wiedereintritt (meist) der Ehefrau nach einer Familienphase zu verzögern oder ganz zu verhindern. Durch länger brach liegende Qualifikation im Erwerbsleben aber sinkt das eigenständige Verdienstpotenzial der Frau. Das Risiko, irgendwann vom (immer) höher qualifizierten Ehemann allein gelassen zu werden, steigt deutlich an.

Stellt also die Ehe gerade deshalb eine – vor allem für Frauen – gefährliche Illusion dar, weil sie eine Teamperspektive vorgaukelt, wo eigentlich doch nur die Ausbeutung der Frau droht?

Auf dem Hintergrund der skizzierten empirischen Befunde lässt sich diese Wahrnehmung – jedenfalls in dieser Pauschalität – zurückweisen. Auch Frauen profitieren in jeder der erhobenen Dimensionen von der Ehe. Auch sie leben im Durchschnitt länger und zufriedener, leben eine befriedigendere Sexualität, erkranken seltener und genesen schneller, haben eine geringere Wahrscheinlichkeit, im Alter in ein Pflegeheim eingewiesen zu werden. Verheiratete Frauen ohne Kinder stehen sich finanziell besser als unverheiratete Frauen ohne Kinder. Verheiratete Frauen mit Kindern stehen sich sogar deutlich besser als unverheiratete Frauen mit Kindern.

Zur Disposition steht vielmehr, wie die Erziehung von Kindern, die menschlich enorm bereichernd aber natürlich auch mit ganz erheblichen insbesondere finanziellen Risiken verbunden ist, zwischen den Geschlechtern aufgeteilt wird. Hier soll ein Plädoyer für die Ehe als gesellschaftliche Institution nicht mit einer Option für die so genannte ‚Hausfrauen-Ehe' gleich gesetzt werden. Zwar weist die Spezialisierung eines Partners auf die Hausarbeit Spezialisierungsvorteile für das Paar auf. Doch dies muss nicht bedeuten, dass ein Partner durchgängig erwerbstätig ist, während der andere durchgängig Familienarbeit leistet. Es stellt vielmehr das gesellschaftspolitische Ziel einer familienfreundlichen Umgestaltung der Erwerbsarbeit dar, eine bessere Vereinbarkeit von Familie und Beruf für beide Geschlechter zu ermöglichen. Sowohl das Erwerbspotenzial der Frau als auch das Erziehungspotenzial des Mannes sollten dabei vor dauerhafter Verkümmerung bewahrt werden. Die Bedeutung der erzieherischen Rolle von Vätern ist in der Forschung der letzten Jahre eindrücklich nachgewiesen worden (vgl. für die deutsche Diskussion etwa die Arbeiten von W. Fthenakis, P. Zulehner u.a.).

Die Paare sehen sich bei ihrer Entscheidung mit ähnlichen Alternativen konfrontiert wie am Markt für Vermögensanlagen: Ein möglicher höherer

Ertrag geht auch mit höherem Risiko einher, eine Risikostreuung ‚kostet' dagegen möglichen Ertrag. Spezialisiert sich nur ein Partner auf seine Karriere und arbeitet ausschließlich im Beruf, dann gelangt er dadurch vielleicht in höhere Positionen. Andererseits wird seine Familie einem größeren Risiko der Arbeitslosigkeit, des Todes oder der Scheidung ausgesetzt. Qualifizieren sich dagegen innerhalb eines ‚Portfolios' der Erwerbsaktivitäten beide Partner phasenversetzt und arbeiten familienbegleitend in unterschiedlichen Arrangements, so streuen sie das Risiko eher. Dies muss dann meist mit einer weniger steilen Karriere für beide bezahlt werden.

Männer und Frauen werden ihr Erwerbsleben gemäß ihrer persönlichen Bedürfnisse und auch ihrer Ausstattung mit Finanz- oder Humanvermögen gestalten. Angesichts enger werdender Verteilungsspielräume auf zunehmend globalisierten Wettbewerbsmärkten ist davon auszugehen, dass der durchgängige Verzicht eines Partners auf Erwerbsarbeit (entsprechend der Hausfrauen-Ehe) auch unter finanziellem Gesichtspunkt künftig eher die Ausnahme bleiben wird. Ihre Rolle als dominante Lebensform hat die Hausfrauen-Ehe ja, wie im historischen Durchgang gesehen, nur während der Jahrzehnte schnellen Wachstums nach dem Zweiten Weltkrieg gespielt. Angesichts einer wachsenden Gefahr zumindest vorübergehender Arbeitslosigkeit auch für gut qualifizierte Fachkräfte sowie einer höheren Belastung durch Sozialabgaben aufgrund der demografischen Entwicklung wird im 21. Jahrhundert der finanzielle Spielraum dafür kaum mehr ausreichen.

Es kann also zu Recht diskutiert werden, ob die beitragsfreie Mitversicherung des verheirateten Partners in der Gesetzlichen Krankenversicherung nicht eine unsachgemäße Verzerrung der gemeinsamen Erwerbsarbeitsentscheidung des Ehepaares darstellt. Denn sie unterstützt eine ‚riskantere Investition' (die durchgängige Erwerbsarbeit nur eines Partners) auf Kosten einer besseren Risikostreuung (bei phasenweiser Erwerbsarbeit beider Partner).

Kommt man zu diesem Befund und unterzieht die entsprechenden Regelungen in der Gesetzlichen Krankenversicherung einer grundlegenden Reform, dann darf dies aber auf keinen Fall auf eine ersatzlose Streichung hinauslaufen. Eine Neuregelung sollte der oben genannten kostensenkenden Solidarleistungen der Ehepartner aneinander Rechnung tragen. Ihre geringere ‚Schadenswahrscheinlichkeit' muss sich auch in geringeren ‚Schadensklassen' ausdrücken: Von Verheirateten darf also nur ein geringerer Krankenversicherungsbeitrag erhoben werden. Ohne eine Entschädigung in Form geringerer Beiträge wäre die Abschaffung der beitragsfreien Mitversicherung eine ‚Enteignung' der kostensenkenden Solidarleistungen von Ehepartnern in der Gesundheitsversicherung vergleichbar der Enteignung der Erziehungsleistungen von Eltern in der Rentenversicherung. Auch die zu erwartenden Folgen wären vergleichbar: Nämlich ein Rückgang der Investitionen des enteigneten Investors (im Sinne einer geringeren Ehe-Quote). Nach der massiven sozialpolitischen Privilegierung der Kinderlosigkeit hätte die deutsche Gesellschaftspolitik damit ihre zweite Meisterleistung vollbracht.

Weitere gesellschaftspolitische Instrumente des Ehe-Schutzes

Unsere Überlegungen haben gezeigt, dass eine weitere Liberalisierung des Scheidungsrechts nicht im Interesse des Gemeinwesens sein kann. Viele Staaten, die diesen Prozess in der Vergangenheit noch weiter vorangetrieben haben als Deutschland, diskutieren heute über eine Rückkehr zu restriktiveren Formen. Angesichts der oben wiedergegebenen Befunde, dass eine überstandene Ehekrise fast immer zur mittelfristigen Steigerung der subjektiven Beziehungsqualität beiträgt, würde man sich vom Scheidungsrecht etwas mehr Einfallsreichtum wünschen bei dem Versuch, möglichst vielen zur Scheidung entschlossenen Partnern zu einem solchen Neuanfang zu verhelfen. Dazu könnte etwa auch der obligatorische Durchlauf einer Mediation zwischen den Partnern gehören, verbunden mit einer Aufklärung über die Folgen einer Scheidung, wie sie hier für verschiedene Lebensbereiche dargestellt worden sind. Bei jedem Vertragsabschluss werden Vertragspartner besser über ihre Rücktrittsmöglichkeiten informiert als ein zur Scheidung entschlossenes Paar über die zu erwartenden komplexen negativen Folgen ihrer Absicht. Ein solcher Zwischenschritt auf dem Weg zur Scheidung, der auch nur an den Tatbestand gebunden werden könnte, dass Kinder mit im Haushalt leben, wäre ein Stück aktiver ‚Verbraucherschutz' in der Demokratie. Er sollte aber möglichst durch eine Institution durchgeführt werden, die nicht unmittelbar von dem sich anschließenden Scheidungsverfahren wirtschaftlich profitiert. Angesichts der vielfältigen negativen Auswirkungen einer Scheidung auf die Lebenschancen der Kinder sowie die Sozialsysteme wäre auch eine liberale Gesellschaft perfekt zu einem solchen Zwischenschritt legitimiert: Er würde nichts anderes schaffen als ‚Kostentransparenz'.

Doch auch an anderen Stellen könnte ein wirksamer Ehe-Schutz und eine bessere Beratung ansetzen. So sehen manche US-Bundesstaaten wie Florida niedrigere Eheschließungskosten vor, wenn die Partner vorher einen Ehevorbereitungskurs absolviert haben, sei es bei einem kirchlichen oder einem säkularen Träger.

Für eine effektive Politik des Ehe-Schutzes kommt im föderalen Staatsaufbau auch der lokalen und kommunalen Ebene eine wichtige Rolle zu. Denn auch dort werden Rahmenbedingungen für die Entwicklung der Ehe-Kultur eines Gemeinwesens gelegt. So leisten Ehe- und Familienberatungsstellen in freier Trägerschaft, aber mit staatlicher Unterstützung, jeden Tag unschätzbar wichtige Arbeit gerade für jene Ehen, die in die Krise geraten sind. Wenn Politiker meinen, ausgerechnet an der Ehe- und Familienberatung sparen zu müssen, wird man dies nur als hochgradig kontraproduktiv in Bezug auf das Erreichen wichtiger gesellschaftspolitischer Ziele bezeichnen können. Aber dies ist ein Indiz dafür, dass die gesellschaftspolitische Bedeutung der Institution Ehe quer durch alle Parteien immer weniger verstanden wird.

Die Präventionswirkung einer professionellen Beratung könnte allerdings in vielen Fällen noch erhöht werden, wenn es zu einer besseren Vernetzung von Beratungs- und Begleitungsangeboten kommen würde. So wird man es nur als Wildwuchs bezeichnen können, wenn die Familienberatung bei vielen freien Trägern vollkommen getrennt von der Eheberatung organisiert ist. Angesichts der Sparzwänge werden sich auch die Verbände der freien Wohlfahrtspflege Gedanken machen müssen, wie sie ihre Angebote lebensnäher organisieren und dabei auch eine ‚aufsuchende Arbeit' nicht scheuen, die ihre Hilfsangebote auch bei Ärztinnen und Ärzten sowie in Betrieben etc. bekannt macht. Internationale Erfahrungen zeigen hier die großen Möglichkeiten einer koordinierten Gemeinwesenarbeit, die Angebote freier Träger sowie staatlicher Stellen zusammenführt und auf kommunaler Ebene öffentlichkeitswirksame Aktionen entfaltet. Einer engagierten Krisenprävention muss es darum gehen, die ‚Lufthoheit über den Ehe-Betten' zu erringen. Dies gelingt nicht nur durch das passive Vorhalten von Kapazitäten, sondern muss auch proaktiv durch öffentlichkeitswirksame Kampagnen geschehen. In den USA haben solche koordinierten Kampagnen aus privaten und öffentlichen Trägern (Public-Private-Partnerships) – wie etwa die Greater Grand Rapids Community Marriage Policy im US-Bundesstaat Michigan – mit Unterstützung von Sponsoren und privaten Stiftungen auch Kurse für Verantwortungsträger und engagierte Paare angeboten. Mit dem sprichwörtlichen amerikanischen Pragmatismus haben sie sich als konkretes Ziel gesetzt, die Scheidungsrate in ihrer Region um 25 Prozent bis zum Jahr 2010 zu reduzieren und kontinuierlich konkrete Fortschritte auf diesem Weg zu messen. Auch wenn derartige Initiativen im deutschen Kulturraum schwer vorstellbar sind, so müssten doch auch hier die Funktionen der Ehe in Bildung und Öffentlichkeit stärker verdeutlicht werden.

Dazu sollte auch die Umgestaltung von Lehrplänen und zentralen Inhalten der staatlichen Bildungsarbeit erwogen werden. Die vielfältigen positiven Wirkungen der Ehe sowohl für die Verheirateten selbst als auch für ihr gesellschaftliches Umfeld müssen gerade auch Kindern und Jugendlichen stärker bewusst gemacht werden. Denn wer die Wertentscheidungen des Grundgesetzes mittragen will, der sollte die dahinter stehenden Sachzusammenhänge auch verstehen. Das trifft gerade auch für junge Männer zu, die in beruflicher wie in privater Hinsicht besonders stark von verbindlichen Partnerschaften profitieren.

In diesem Zusammenhang wären auch wirklichkeitsferne Überhöhungen ehelicher Partnerschaft, wie sie im Zuge des romantischen Ehe-Konzeptes auch in Literatur und öffentlicher Wahrnehmung Einzug gehalten haben, radikal zu kritisieren. Ehe-Berater haben darauf aufmerksam gemacht, dass übersteigerte Ideale, an denen jede Alltagsrealität scheitern muss, nicht selten zum vorzeitigen Ende von Beziehungen beitragen. Das hier zu Grunde gelegte Konzept ehelicher Qualität, die erst mit kontinuierlichen ‚Investitionen in die Partnerschaft' wächst, deutet in eine realistischere Richtung. ‚Ohne Fleiß kein Preis' – dieses Sprichwort gilt nicht nur für beruflichen Erfolg sondern auch für stabile Partnerschaft. Es weist zudem von allzu hohen Erwartungen an den Partner zurück auf das eigene Engagement und die Bereitschaft, selbst ‚Beziehungsarbeit' zu leisten. Die romantische Vorstellung, in Ehe und Familie brauche man sich nur hinein fallen zu lassen und könne alle ‚draußen' notwendigen Bemühungen und Sorgfaltspflichten vernachlässigen, hat zur Auszehrung mancher Beziehung geführt. Sie gehört dringend auf den Abfallhaufen der Kulturgeschichte.

Schluss: Zukunftsfähige Gesellschaftspolitik als Herausforderung des 21. Jahrhunderts

Das Ende des Wohlfahrtsstaates

Die aktuellen sozialpolitischen Reformdiskussionen und die damit verbundenen Einschnitte in das soziale Sicherungssystem markieren einen Umbruch in der Geschichte der Bundesrepublik Deutschland. Infolge des demografischen Wandels, aber auch eines veränderten Umfelds im zusammenwachsenden Europa steigen die finanziellen Probleme der sozialen Sicherungssysteme ständig an. Erstmals sind sich alle tragenden politischen Kräfte darin einig, dass ein Rückbau sozialpolitischer Leistungen und eine stärkere Übernahme von Eigenverantwortung der Bürgerinnen und Bürger unausweichlich sind. Angesichts des weiterhin bestehenden Handlungsbedarfs steht zu erwarten, dass die bisher initiierten Reformen erst die ‚Spitze des Eisberges' darstellen. Am Ende dieses Reformprozesses wird das Institutionensystem der Bundesrepublik Deutschland nicht mehr dasselbe sein und die Lebensbedingungen werden sich spürbar verändert haben.

Es wäre naiv zu glauben, dass bei allen positiven Wirkungen, die die Reformen insbesondere auch für die Bekämpfung der Arbeitslosigkeit haben mögen, damit nicht auch soziale Folgeprobleme verbunden sind. In einer Zeit, in der sich sogar die politische Linke zum Vorkämpfer liberaler Reformen macht, muss aber auch der sozialpolitische Gedanke neu definiert und auf die veränderten Rahmenbedingungen des 21. Jahrhunderts übertragen werden. Das Ende des Wohlfahrtsstaates sollte die Rückbesinnung auf eine Gesellschaftspolitik bringen, wie sie in tragenden Institutionen unserer Rechtsordnung angelegt ist. Eine solche ‚Ordnungspolitik der Gesellschaft' sollte nach dem Vorbild der Sozialen Marktwirtschaft auf die Gestaltung von Rahmenbedingungen und die Mobilisierung von ‚unternehmerischer' *Selbst*- und *Mit*verantwortung abzielen. An die Stelle eines in Deutschland traditionellen ‚Denkens aus dem Staat heraus' (Hans Maier) muss ein ‚Denken vom Bürger her' treten. Durch welche tragenden Institutionen können die Selbsthilfekräfte der Bürgerinnen und Bürger so orientiert und gebündelt werden können, dass diese die Herausforderungen des 21. Jahrhunderts aus sich heraus meistern können? Ehe und Familie spielen dabei eine zentrale Rolle. Dies soll im folgenden in Analogie zur Rolle der Eigentumsordnung in der Wirtschaftspolitik dargelegt werden.

Die Eigentumsordnung als institutionelles Kapital entwickelter Volkswirtschaften

Die Eigentumsordnung gemäß Artikel 14 Grundgesetz weckt bei den rechtmäßigen Eigentümern Erwartungssicherheit und motiviert sie dadurch zu Investitionen in ihr Eigentum. Wer weiß, dass ihm eine Wohnung oder ein kleiner Betrieb gehört, der investiert in dieses Eigentum, weil er darauf vertrauen kann, dass ihm die Erträge dieser Investitionen zufließen werden: Er kann damit etwas anfangen. Wo dagegen ‚ungeklärte Eigentumsverhältnisse' herrschen, dort werden auch die notwendigsten Investitionen nicht getätigt, wie man nach der deutschen Wiedervereinigung in vielen ostdeutschen Städten feststellen konnte.

Durch dieses Freisetzen von Investitionen ist die Eigentumsordnung vorteilhaft nicht nur für Eigentümer, sondern auch für Nichteigentümer. Denn auch sie profitieren davon, dass in einer Gesellschaft investiert wird, eine wirtschaftliche Dynamik in Gang kommt, Arbeitsplätze geschaffen werden etc. Die Eigentumsordnung sichert die Grundlagen eines marktwirtschaftlich verfassten Gemeinwesens und damit wirtschaftliche Entwicklung und Dynamik. Wo dagegen – wie in der sozialistischen Gesellschaft – Eigentumsrechte verdünnt oder ganz aufgehoben werden, da finden keine Investitionen mehr statt. Wirtschaftliche Stagnation und Niedergang sind die Folge. Der Staat kann das Fehlen privater Investitionen durch fiskalische Aktivitäten gerade nicht ersetzen. Seine Rolle muss sich auf die Gestaltung geeigneter Rahmenbedingungen beschränken.

Auch im Bereich der Gesellschaftspolitik ist angesichts der skizzierten Handlungszwänge eine ordnungspolitische Neuorientierung unverzichtbar. ‚Nicht mehr rudern sondern steuern' – so ist die Aufgabe der Regierung in einer freiheitlichen Gesellschaft beschrieben worden. Das bedeutet aber auch wahrzunehmen, dass ‚soziale Sicherheit' bei Krankheit, im Alter, bei Arbeitslosigkeit und Pflegebedürftigkeit nicht ausschließlich – und nicht einmal primär – durch staatliche Sozialversicherungssysteme gewährleistet wird. Vielmehr wird diese zunächst unmittelbar und subsidiär von den Bürgern selbst einander gewährleistet. Bürgerinnen und Bürger ‚versichern' sich dadurch selbst – nämlich überall dort, wo sie Mitverantwortung für andere Menschen (meist für ihre Angehörigen) übernehmen. Solche unmittelbaren Formen der Solidarität im Nahbereich sind in Zukunft weniger denn je durch wohlfahrtsstaatliche Fürsorge zu ersetzen. Für sie sind vielmehr gesellschaftspolitische Rahmenbedingungen zu schaffen. Die staatliche Renten- und Krankenversicherung kann dadurch niemals ersetzt werden – den Rückmarsch in die Agrargesellschaft zu fordern ist wirklichkeitsferne Sozialromantik. Doch solche Institutionen sind nur dann „nachhaltig", wenn sie Sozialbeziehungen im Nahbereich nicht zerstören, sondern subsidiär unterstützen.

Ehe und Familie: kulturelles Kapital einer freiheitlichen Gesellschaft

Der deutsche Liberalismus quer durch alle Parteien krankt daran, dass ihm der innere Zusammenhang zwischen einer freiheitlichen Gesellschaftsordnung und starken Solidarpotenzialen in Familien, Nachbarschaftsgruppen und Bürgergesellschaft nicht bewusst ist. Gesellschaftspolitisch ist der deutsche Liberalismus immer ‚sozialliberal' mit stark emanzipativer und individualistischer Tendenz gewesen. Das unterscheidet Deutschland von anderen, wirklich liberalen Kulturen, die um die Rolle starker Familien und einer starken Bürgergesellschaft für den Schutz der Freiheit vor dem Allzuständigkeitsanspruch des paternalistischen Staates wissen.

Dem Schutz von Ehe und Familie kommt in einer balancierten Gesellschaft eine zentrale Bedeutung zu. Funktionsfähige Ehen als Kern von Familien bilden ein kulturelles und soziales Kapital, das gerade für sozial schwächere Personen und Gruppen von besonderer Bedeutung ist. Gerade für die sozial Schwachen, die kaum Zugang zu Sach- und Finanzkapital haben, ist das Sozialkapital in der Familie von großer Bedeutung. Die Gesellschaftspolitik kann wichtige Rahmenbedingungen für diese subsidiäre soziale Sicherung legen. Die Eigentumsordnung nach Artikel 14 Grundgesetz legt die Grundlage für Investitionen und wirtschaftliche Selbsthilfe. Der Schutz der Ehe nach Artikel 6 Grundgesetz legt die Grundlage für Investitionen in die Beziehung zu anderen Menschen und den Aufbau von Bindungen wechselseitiger Solidarität.

Wird dieser Schutz der Ehe schwächer, dann sinken auch die Investitionen und die Beziehungsqualität. Die staatliche Rechtsordnung kann solche Investitionen nicht erzwingen. Sie kann auch Investitionen durch Unternehmen nicht erzwingen, wenn sie nicht ihren freiheitlichen Charakter verlieren will. Doch sie kann zumindest rechtlich-institutionelle Selbstbindungsmechanismen zur Verfügung stellen, die Erwartungssicherheit schaffen und die Grundlage für beziehungsspezifische Investitionen legen.

Die kulturelle Herausforderung: Zur Rationalisierung des romantisch-humanistischen Ehe-Konzepts

Doch derartige gesellschaftspolitische Reformen gehen ins Leere, wenn sie nicht auch mit einer Rationalisierung des kulturell dominanten Ehe-Ethos einhergehen. Humanismus und Romantik haben eine Abblendung wirtschaftlicher Zusammenhänge aus der Geschlechterbeziehung mit sich gebracht. Während sich die soziale Welt des 21. Jahrhunderts in fast jeder Beziehung als rationale Lebenswelt darstellt, ist ausgerechnet die Betonung funktionaler Zusammenhänge von Ehe und Familie weiterhin verpönt.

Das hat eine doppelte Konsequenz: Einmal sind sich Verheiratete und Familien des enormen sozialen und kulturellen Kapitals ihrer Partnerschaft kaum bewusst, sie leben in einer Art ‚Einkommens-Illusion'. Die vielfältigen sozialen, gesundheitlichen und finanziellen Einbußen einer Scheidung, auch die Risikofaktoren für die meisten Kinder von Alleinerziehenden werden in der öffentlichen Diskussion kaum thematisiert. Mancher des gemeinsamen Lebens überdrüssige Ehepartner würde vielleicht ernsthafter an der Überwindung seiner ehelichen Schwierigkeiten arbeiten, wenn ihm bewusst wäre, dass hier finanzielle und gesundheitliche Risiken drohen, die dem Verlust des Arbeitsplatzes oder eines wertvollen Vermögensgegenstands gleichkommen.

‚Erkämpfte Freiheit' – so lautet der Titel der Autobiografie des bekannten Tübinger Theologen Hans Küng. Wie kaum ein anderer steht dieser Titel für die kulturellen Grundüberzeugungen und -orientierungen einer ganzen Generation im Nachkriegsdeutschland. Als eines der höchsten Ziele erscheint die persönliche Unabhängigkeit, die Selbstbestimmungsfähigkeit. Freiheit ist zuallererst die Freiheit des Individuums von jeder Art der Bevormundung. Doch angesichts der Folgeprobleme des siegreichen Individualisierungsprozesses könnte die Leitmaxime des 21. Jahrhunderts ‚Erkämpfte Verbindlichkeit' heißen. Leben in Beziehung ist keine Minderung von Freiheit, sondern ein Zugewinn von Freiheit in und durch Selbstbindung. Der Durchgang durch die empirischen Ergebnisse der internationalen Ehe-Forschung hat gezeigt: Die Gemeinschaft mit anderen Menschen in wechselseitiger Abhängigkeit und Verbindlichkeit ist ein soziales und kulturelles Kapital, das in vieler Hinsicht die Voraussetzung für gelungenes Menschsein und Persönlichkeitsentfaltung darstellt.

Wirtschaftliche Abhängigkeit und Interdependenz ist also kein Mangel, sondern eine wichtige Errungenschaft. Entwickelte Volkswirtschaften zeichnen sich im Gegensatz zu Entwicklungsökonomien durch ein hohes Maß wechselseitiger Abhängigkeit aus. Die Beseitigung dieser Abhängigkeit würde auf einen unvorstellbaren Rückgang wirtschaftlichen Wohlstands und kulturellen Reichtums hinaus laufen. Die sich selbst versorgende Region, die von niemandem abhängig ist, ist dagegen eine bitterarme Region, die ihren Bürgern nur geringe Freiheitsräume zu eröffnen vermag. Gleiches gilt auch auf individueller Ebene. Auch hier ist Freiheit und die Verwirklichung individueller Lebensziele nur durch bewusst eingegangene Abhängigkeiten möglich – durch ‚beziehungsreiches Leben'.

Wechselseitige Abhängigkeit muss ‚gerecht' gestaltet werden. Sie kann nur dann ihre Vorteile für die Partner entfalten, wenn sich alle Beteiligten langfristig positiv entwickeln können. Ein Plädoyer für wechselseitige Abhängigkeit bedeutet also nicht die Rückkehr in bestimmte Formen der Geschlechterbeziehung, in der einseitige wirtschaftliche und persönliche Abhängigkeiten dominierten. Eheliches Miteinander muss in diesem Sinne partnerschaftlich ausgestaltet sein. Es muss immer wieder austariert werden, um wechselnden Bedürfnislagen auch innerhalb derselben Biografie Rechnung zu tragen. Nur wenn dies möglichst vielen Paaren gelingt, wird die eheliche Lebensform ihre Attraktivität bewahren bzw. wiedergewinnen.

Dies umfasst einen letzten wichtigen Aspekt, der durch das romantische Ehe-Konzept verdunkelt wird. Gelingende Ehe ist keine Schicksalsmacht, die sich einstellt wie das Wetter. Wie andere wertvolle Dinge kann sich auch eine partnerschaftliche Beziehung nur entwickeln und sich neuen Herausforderungen stellen, wenn die Beteiligten Zeit und Energie auf sie verwenden – Zeit und Energie, die an anderer Stelle abgezogen, die ‚investiert' werden müssen. An gelingender Partnerschaft kann und muss gearbeitet – es muss ‚Beziehungsarbeit' geleistet werden. Dazu gehört der Verzicht auf eigene Entfaltungsmöglichkeiten, wenn sie die Beziehung gefährden würden, ebenso wie das Eingehen auf die Wünsche und Interessen des Partners, den Aufbau gemeinsamer Netzwerke und Bekanntschaften, das Ringen um ein immer besseres wechselseitiges Verständnis und Kennenlernen etc.

Es gehört zu den gefährlichen Illusionen unserer sonst so ‚kostenbewussten' Zeit, dass Ehe und Familie weithin als ‚freie Güter' gelten, die sich auch ohne Investitionen der Partner quasi von selbst entwickeln. Auch in der Ehe ist aber die Logik der Gegenseitigkeit von Gabe und Gegengabe nicht auf Dauer aufgehoben. Fehlende Selbstdisziplin, mangelnde Aufmerksamkeit und Bereitschaft, um der gemeinsamen Sache willen auch Kosten zu tragen und Schwierigkeiten durchzustehen sind hier ebenso fatal wie im Berufsleben. Eine galoppierende Scheidungsrate inklusive der menschlichen Enttäuschung und Verbitterung, die sich hinter den Zahlen verbirgt, ist das traurige Resultat dieser romantischen Illusion. Ehevorbereitung in Schulen und Bildungseinrichtungen, spätestens aber vor der eigentlichen Hochzeit sollte in der hier vorgezeichneten Weise auf die Vorteile für die Partner hinweisen, aber auch die damit verbundenen Anforderungen realistisch darstellen. Die eigentliche Bewährung der Ehe beginnt erst dort, wo Märchen und Liebesfilme aufhören – vor dem Standesamt oder Traualtar.

Auf gesellschaftspolitischer Ebene aber gilt: Die Institution Ehe ist – ebenso wie die Eigentumsordnung – eine tragende Säule des freiheitlichen Gemeinwesens. Diese Institution gerade angesichts der sozialpolitischen Herausforderungen des 21. Jahrhunderts vor der Erosion zu bewahren, ist die zentrale Aufgabe einer Gesellschaftspolitik, die an Solidarität und Menschlichkeit orientiert ist. Daran zu erinnern, war das Anliegen dieses Buches.

Verwendete und weiterführende Literatur

Althammer, Jörg (2000), Ökonomische Theorie der Familienpolitik, Heidelberg.

Amato, P. / Booth, A. (1997), A Generation at Risk: Growing Up in an Era of Family Upheaval. Cambridge, Mass.

American National Sex Study (1992), Befragungen mit 3500 Männern und Frauen zwischen 18 und 49 Jahren an der Universität Chicago, ref.b. Waite / Gallagher (2000), 216f.

Ben-Porath, Yoram (1980), The F-Connection: Families, Friends and Firms and the Organization of Exchange, in: Population Development Review 6, 1–30.

Durkheim, Emile (2002), Der Selbstmord. Ausgabe Suhrkamp, Frankfurt a.M.

Elster, Ion (1987), Subversion der Rationalität, Frankfurt.

Engstler, Heribert / Menning S. (2003), Die Familie im Spiegel der amtlichen Statistik. Erw. Neuauflage. Erstellt im Auftrag des BMFSFJ in Zusammenarbeit mit dem Statistischen Bundesamt, Berlin.

– (1989), Social Norms and Economic Theory, in: Journal of Economic Perspectives 3/4, 99–117.

Gerhardt, Uta / Hradil, Stefan / Lucke, Doris / Nauck, Bernhard (Hg.) (1995), Familie der Zukunft, Opladen.

Fthenakis, Wassilios. E. u.a (1996), Trennung, Scheidung, Wiederheirat. Wer hilft dem Kind? Hg: LBS-Initiative Junge Familie. Weinheim und Basel.

Fthenakis, Wassilios. E. (1999), Engagierte Vaterschaft – Die sanfte Revolution in der Familie. Herausgeber: LBS-Initiative Junge Familie. Opladen.

Gray, Jeffrey S. / Vanderhart, Michel J. (2000), On the Determination of Wages: Does Marriage Matter?, in: L. Waite (Ed.): The Ties that Bind. Perspectives on Marriage and Cohabitation, New York, 356–367.

Habisch, André (1995), Familienorientierte Unternehmensstrategie. Beiträge zu einem zukunftsorientierten Programm, dnwe-Schriften Bd. 1, Mering.

Habisch, André (2001), Zukunftsfähigkeit und Gesellschaftspolitik. Familienorientierte Institutionengestaltung als Herausforderung des 21. Jahrhunderts, in: W. Ockenfels (Hg.), Familien zwischen Risiken und Chancen, Paderborn u.a.

Habisch, André (2002): ‚Schutz der Ehe‘ im Verfassungsrang? – Zur schwindenden Plausibilität von Artikel 6 Grundgesetz, in: Frankfurter Allgemeine Zeitung, S. 8.

Habisch, André / Schmidt, Hans Ludwig / Bayer, Michael (2003), Familienforschung interdisziplinär. Eichstätter Symposium zu Familienwissenschaften, Bd. 3, Connex, Grafschaft.

Hegel, Friedrich W. (1993), Werke in 20 Bänden, Ausgabe Suhrkamp 3. Aufl., Frankfurt a. M., Bd. 7: Grundlinien der Philosophie des Rechts.

Homann, Karl (1988), Rationalität und Demokratie, Tübingen.

Hradil, Stefan (1995), Auf dem Weg zur ‚Single-Gesellschaft'?, in: U. Gerhardt u.a. (Hg.), Familie der Zukunft, Opladen, 189–224.
Jans, Bernhard / Habisch, A. / Stutzer, E. (Hg.), Familienwissenschaftliche und familienpolitische Signale, FS Max Wingen, Grafschaft, 89–98.
Kaufmann, Franz-Xaver (1990), Die Zukunft der Familie, München.
– (1995), Die Zukunft der Familie im vereinten Deutschland. Gesellschaftliche und politische Bedingungen, München.
– (1995a), Die Familie als Lastesel der Nation? Kinder sind mehr als nur Privatsache, in: Zeitschrift zur politischen Bildung 32, 26–33.
Küng, Hans (2002), Erkämpfte Freiheit. Erinnerungen. München.
Lampert, Heinz (1996), Priorität für die Familie. Plädoyer für eine rationale Familienpolitik, Berlin.
Lillard, Lee / Waite, Linda (1993), A Joint Model of Marital Childbearing and Marital Disruption. In: Demography 30, S. 653–682.
Maier, Hans (1989), Art. Staatswissenschaft, in: Staatslexikon, 7. Aufl., Freiburg i. Br. V, 226f.
Mieth, Dietmar (1984), Ehe als Entwurf. Zur Lebensform der Liebe, Mainz.
Pollak, Robert (1985), A Transaction Cost Approach to Families and Households, in: Journal of Economic Literature XXIII, 581–608.
Putnam, Robert (1992), Making Democracy Work. Civic Traditions in Modern Italy, Princeton.
Rau, Johannes, Bundespräsident, Weihnachtsansprache 2003, Do 25.12.2003, downloadbar unter: www.bundespraesident.de.
Rawls, John (1992), Die Idee des Politischen Liberalismus. Aufsätze 1978–1989. Hg. W. Hinsch, Frankfurt.
Ribhegge, Hermann (1993), Ökonomische Theorie der Familie, in: B. Ramb / M. Tietzel (Hg.), Ökonomische Verhaltenstheorie, München, 63–87.
– (1993a), Rationale Familienpolitik, in: Wirtschaftswissenschaftliches Studium 10, 491–496.
– (1994), Herausforderungen der gesetzlichen Rentenversicherung in: Volkswirtschaftliche Korrespondenz der Adolf-Weber-Gesellschaft 34, Nr. 6, München.
Richter, Rudolf (1993), Ökonomische Theorie des Privateigentums: Thema und Variationen, in: Jahrbuch für Sozialwissenschaften 42.
– (1994), Institutionen ökonomisch analysiert, Tübingen.
Ruhl, Klaus-Jörg (1990), (1993), Familie und Beruf: Weibliche Erwerbstätigkeit und katholische Kirche in den 50er-Jahren, in: Aus Politik und Zeitgeschehen B 43, 30–38.
Sala-i-Martin, Xavier (1996), A Positive Theory of Social Security, in: Journal of Economic Growth 1, 277–304.
Schelling, Thomas C. (1960), The Strategy of Conflict, Cambridge.
– (1984), Choice and Consequence, Cambridge.
Schneewind, Klaus A. (1995), The German Family: Changed Patterns of Marriage and Family Life, in: Family Perspectives 29, 337–368.

Schmitt, Carl (1934), Der Begriff des Politischen, in: Archiv für Sozialwissenschaft und Sozialpolitik 58, 1–33.

Schoeni, Robert F. (1995), Marital Status and Earnings in Developed Countries. Journal of Population Economics 8, 351–359.

Schreiber, Wilfried (1955), Existenzsicherung in der industriellen Gesellschaft. Vorschläge zur ‚Sozialreform', Köln.

– (1968), Soziale Ordnungspolitik heute und morgen. Betrachtungen nach Abschluss der Sozialenquête, Köln.

Schultheis, Franz (1988), Sozialgeschichte der französischen Familienpolitik, Frankfurt.

Spruijt, E. / de Goede, M.: Transition in Family Structure and Adolescent Wellbeing. In: Adolescence (Winter 1997), S. 897–911.

Schultz, Theodore W. (1979), Nobel Lecture: The Economics of Being Poor, in: Journal of Political Economy 80, 639–651.

Tyrell, Hartmann (1982), Familie und Religion im Prozeß der gesellschaftlichen Differenzierung, in: V. Eid / L. Vascovics (Hg.), Wandel der Familie – Zukunft der Familie, Mainz, 19–74.

– (1993), Katholizismus und Familie: Institutionalisierung und Deinstitutionalisierung, in: Religion und Kultur. Sonderheft 33 der Kölner Zeitschrift für Soziologie und Sozialpsychologie, Opladen, 126–149.

– / Schulze, H. J. / Künzler, J. (1989), Vom Strukturfunktionalismus zur Systemtheorie der Familie. In: Nave-Herz, R. / Markefka, M., Handbuch der Familien- und Jugendforschung, Bd. 1, S. 31–43.

Waite, Linda / Gallagher, Maggie (2000), The Case For Marriage – Why Married People Are Happier, Healthier, And Better Off Financially, New York.

Waite, Linda (Ed.) (2000), The Ties that Bind, New York.

Wingen, Max (2001), Familienpolitische Denkanstöße. Sieben Abhandlungen. Reihe Connex: Gesellschaftspolitische Studien Band 1, Grafschaft 2001.

Zulehner, Paul M. / Volz, Rainer (1998), Männer im Aufbruch. Wie Männer sich selbst und wie Frauen sie sehen. Ein Forschungsbericht, Ostfildern.